滋賀の盆踊り

江州音頭

歌は八日市・踊りは豊郷から

丁野永正

はじめに

昨年、我がふるさと八日市の一大イベントである『八日市聖徳まつり』について著述した後、その勢いと友人らの後押しもあって、ふるさと芸能の研究作品として八日市民謡『江州音頭』を書きましたが、これが思いがけず好評を得ましたので、内容を充実させた改訂版を著したいと考えます。

江州音頭は八日市や豊郷という滋賀県の一地域から発祥した民謡・地方芸能ですが、周知のとおり日本国中にはこうした地方芸能が数多くあります。一般に「芸能」といえば音楽・舞踊・演劇・映画・演芸などを総称するのですが、江州音頭は歌と踊りと伴奏がミックスしており、そのうえ語りも入っていますので総合芸能と云えるのです。だからと云って私はここでこむずかしい「芸能論」を書くつもりもなく、その能力もありません。述べたいことは要するに、幕末から明治の初期にかけて近江（江州）八日市に生まれた江州音頭という盆踊りが、その後の大正・昭和と百年以上にわたり近畿一円に広まり、そして地域の伝統芸能として根づき定着しかけたのですが、平成に入ると陰りが出て、このままでは先行きの存続が危ういのです。

動植物や鳥類には地球環境の変化で「絶滅危惧種」というのがあり、この場合は生息環境の保全や保護がなされるのですが、今や元祖・八日市における「江州音頭」は「消滅危惧芸能」になりつつあると思えるのです。そこで古希を過ぎた現在まで八日市という音頭発祥の地で生活した筆者としては、今のうちに何とかしなければ、という思いがいっぱいです。

幸いにも八日市周辺の地域では、今なお江州音頭の根強い愛好者がおられるようなので少しは安心できるのですが、江州音頭発祥の地と称する肝心の地元八日市の状況が心配なのです。江州音頭の楽しみ方としては、音頭を歌い、踊り、聴くという三つの方法がありますが、現代のスポーツ、芸能がそうであるように、これからは観る、見せる芸能が人気を博すると考えますので、自ら歌う・踊ると平行して、聴衆に見せる・聴かせる観光用または芸能ショー的な江州音頭を工夫してゆくことが大切と考えます。この小冊子はこうした視点から、これからも末永く多くの人びとに江州音頭を楽しんでもらえるようにとの切なる願いを込めて、論を進めてまいります。

平成二十九年十月

丁野　永正

目次

はじめに

序章　江州音頭雑感　11

1　三代目真鍮家文好（小椋祥行）　13
2　音頭師祭文家　櫻美家天勝（深尾勝義）　16
3　発祥の地金屋地区住人　田中敏彦（前八日市商工会議所会頭）　20
4　八日市江州音頭保存会会長　田中伸三　23
5　浜野地区の音頭愛好者　小椋昭治（筆者の親友、保存会会員）　27

第一章　お盆は念仏しながら踊る日だ　33

1　空也と踊念仏　37
2　良忍と融通念仏（声明）　43
3　法然と専修念仏　45
4　一遍と踊躍念仏　49
5　踊念仏から念仏踊り（風流踊り）へ　53
6　風流踊りとは　56
7　盆の踊りから「盆踊り」へ　60

8　念仏踊りが盆踊りとして定着　62

第二章　こうして江州音頭は誕生した（八日市と豊郷）　67

1　江州音頭の定義　68
2　豊郷の踊りと八日市の歌の融合　70
3　江州音頭の源流「祭文」について　73

第三章　江州音頭を作り上げた二大家元（櫻川大龍、真鍮家好文）　81

1　江州八日市祭文音頭の誕生　82
2　桜川大龍（西澤寅吉）　83
3　真鍮家好文（奥村久左衛門）　85
4　江州音頭の流派の分布　88
5　江州音頭の発展と広がり　97

第四章　近江商人による江州音頭の発展　105

1　江州音頭は商い音頭　106

2 県外へ広めたのは近江商人 108
3 校歌を江州音頭調で唄う八幡商業高校 110

第五章 二十世紀から現代までの江州音頭 113
1 全盛期の江州音頭 114
2 豊郷発信の江州音頭（扇・絵日傘踊り） 120
3 江州音頭を残すために 127

第六章 江州音頭の踊り方と歌詞集 143
1 江州音頭の踊り方と歌詞 144
2 伊勢音頭（伊勢踊り） 148
3 天龍川の大仇討（古典） 153
4 出世角力・櫻川五郎蔵（古典） 157
5 新作の江州音頭 162
・新八日市音頭 ・八日市小唄（江州音頭調で唄う）
・八日市小唄パートⅡ ・近江八景
・統一江州音頭（花札かるた月暦） ・四季折々湖畔の宿

6 豊郷ゆかりの音頭 182
・水郷めぐり ・赤穂義士
・江州音頭由来記 ・兎と亀 ・豊郷自慢

第七章 江州音頭に影響した歌謡・踊り 195
1 江州音頭以前の歌や踊り 196
2 高島音頭 199
3 淡海節 201
4 大津絵節 203
5 説教節 204
6 ちょんがれ節（ちょぼくれ節） 205
7 阿保陀羅経 207
8 南無手踊り 209
9 浪花節・浪曲 210

第八章 誰もが知っている全国版民謡 213
1 ソーラン節（沖揚音頭） 214
2 東京音頭 216

3　よさこい節　218
4　郡上節（かわさき）　221
5　阿波踊り　224

終章　通説と異説どちらが本当か　229

1　祭文はどこで、誰から伝えられたのか　231
2　江州音頭と河内音頭の関係　233
3　江州音頭の流派・系統の真実　238

講　評
滋賀県人会と江州音頭　全国滋賀県人会連合会副代表　蔭山孝夫
郷土芸能の認識と展開　八日市郷土文化研究会々長　藤本長蔵

おわりに
江州音頭関連年表

序章　江州音頭雑感

これから、筆者・丁野永生は居住地である近江の八日市に誕生した「江州音頭」の成り立ちと歴史を述べていきますが、平成の今、最も大事なことは、この郷土芸能の伝統をどう守っていくかということです。幸い筆者の周辺には将来を心配しながらも、江州音頭をこよなく愛し、未来に向けて何とか保存・振興させたいと願っている多くの方々がおられます。

そこでそのうちの何人かの方に「江州音頭雑感」と題した、ご寄稿をお願いし、お寄せいただいたものを掲載することにします。筆者自身もこれらの方々と同様の考えを抱いており、皆様の思いに感動・誘発され、今回小冊子をまとめることになりました。

まず最初に強調しておきたいのは、徳島の阿波に「阿波踊り」がなくなったら、もはや阿波ではなくなるのと同様、近江の八日市から「江州音頭」が消え失せれば、もう八日市ではないのだ、そして「江州」という名前すら、多くの人に忘れられるのだという危機感を読者のみなさんと共有したいのです。

1　三代目真鍮家文好（小椋祥行）

昭和十七年生まれの私は、二十八歳の時から江州音頭をやり始め、以来四十数年にわたり音頭師として精進しながら、現在は後継者の育成にも励んでおります。今日まで地元八日市地域はもとより、県内外の各地で音頭を唄ってまいりましたが、最も盛んであったのは壮年期の昭和の時代でした。

ところで、八日市は豊郷と共に江州音頭の発祥の地として全国に知られていますが、昨今は踊り手が非常に少なくなりました。特に若い人たちが少なく、「聖徳まつり」などは企業の参加が激減し、淋しい限りです。以前は学校や地域の運動会でも江州音頭が定番でしたが、今ではほとんどやらなくなっており、郷土芸能である江州音頭への行政の関心も薄くなっています。そこで、こうし

三代目真鍮家文好氏

た状況を今のうちにくい止めて、今後の保存と普及を図るために、次の二点を挙げます。

一、各町内のふれあいサロンで踊り音頭や座敷音頭をやって欲しい（音頭はボランティアで歌います）。

二、市の教育委員会から各幼稚園・学校等へ要請して、運動会の種目の一つに組み入れてもらいたい。

また、私たち音頭師の今後の取り組みとしても次の二点を考えています。

一、音頭が取れる人たちを増やすため、養成を強化してゆきたい。

二、市内の高校・大学などで、江州音頭を地域の芸能文化として部活やサークル活動等に取り入れてもらい、指導に行かせてもらう（音頭、踊り、太鼓、鉦）。

因みに、現在の活動状況を記しておくことにします。

教室指導

八日市教室（昼・夜）　近江八幡教室　　蒲生教室　　水口教室

子供教室　　　　　　家庭内個別指導　　座敷音頭指導（三人一組で月二回）

ボランティア活動

東近江市内　　ハートピア　ねんりん　あさひのジュピア　能登川園

市外、その他　あかつきの里　あかれんがの里　エスペラル近江八幡

南風　各町ふれあいサロン　視覚障がい者センター

敬老会　老人会　等

雰囲気、お笑い筋等を混ぜ合わせると、会場の雰囲気も変わり、リズムに変化が出て、踊り子（手）さんが舞台や櫓を注目し、会場と舞台（櫓）が一体となって掛け声も一段と大きくなります。

特に夏の櫓音頭は、マンネリや退屈を避けることが重要で、古典もので時間繋ぎをしたり、七、八分で歌い手が交代するなどして会場に変化をもたせ、踊り手さんが疲れないよう工夫することが大切です。そして、民謡でよく云われる抑揚、押し引き、コブシ、揺りなど、味のある江州音頭が常に聴けるようにしたいものです。

次に、将来に向けて江州音頭の保存と普及ですが、三十年ほど前に「滋賀県江州音頭普及会」という団体が出来、当時は大御所と云われる家元の師匠格の人たちが入会されましたが、最近は、時代の変化と師匠さんの高齢化により、会員の構成もすっかり変わってきました。長年、音頭の継承は「口伝」といって、師匠や先輩から弟子や後輩に直に教えられたのですが、今では各種音響機器の発達により、弟子入りしなくとも独学で唄える人が少なくないようです。しかし、直に教えてもらわないと、音頭の真髄は伝わらないし、真の保存、普及にはならないと、私は思っています。誰もが唄える大衆音曲としては、先ごろ普及会がまとめた統一音頭「花札かるた月暦」が手頃ですが、江州音頭には節回しに奥深いものがあり、大衆に広めるためには「唄い方の統一」が今後の課題です。そして保存と普及には何よりも、日頃からの地道な活動が大切と考えます。

最後に、江州音頭の保存・振興のために今最も心配なことは、後継者の育成、次世代への伝承ということです。私はこれまで近江八幡市のまちづくりの一環として、小学生を対象にした「江州子ども塾」を運営してきました。これはお囃子、太鼓、鉦、拍子木などを用いた地域の音楽教育にもなり、子どもたちだけで櫓を務める「子供一座」という仲間づくりが出来、子供たちを唄と踊りでたのしませながら、伝統芸能を伝えられる素晴らしい活動でした。彼らが将来大人になってからも、小学生時代の音頭塾を思い出し、地域に湖国の文化を繋いでいってくれるものと大いに期待しています。

また、こうした活動の輪が近江八幡市だけでなく、江州音頭発祥の地とされる八日市や豊郷にも広がり、若い力が未来の江州音頭を支えてくれるよう心より願っています。

3　発祥の地金屋地区住人　田中敏彦（前八日市商工会議所会頭）

私は戦後間もない昭和二十年代生まれですが、住まいは江州音頭の創始者が活躍した八日市金屋地区で、古希に近い今日まで江州音頭に馴染んでおります。

〽ヤンレー江州名代は数々よ、米と牛なら天下に知れるよ

近江商人ど根性で生きる、魞《えり》は琵琶湖の自慢の漁法よ、
繊維工業世界にひびく
ソリャーヨイトヨイヤマッス、ドッコイサノセー
（囃子唄）大津絵名代は福禄どん、とんがり頭で躍らんせ
ほいたら鮒ずしよんだるで、さいやぇー

これは昭和の大物歌手、村田英雄が全盛の頃に唄った「新江州音頭」の一節ですが、滋賀の歴史と文化を見事、かつ簡潔に表現しております。そして、私が毎年七月末に開催される「聖徳まつり」の総踊りで挨拶するとき、いつも唄わせて頂く大好きな歌詞なのであります。

ところで、八日市駅裏の延命公園には、当時の野崎知事の建碑による「江州

「聖徳まつり」総おどりでの田中敏彦氏

音頭発祥の地」の碑が建ち、それには「江州音頭保存会」による建碑の趣意が刻まれております。また金屋の金念寺には江州音頭（元は八日市音頭）を広めた初代櫻川大龍の墓もあります。私が学生の頃、その金念寺の境内で、毎年八月二十一日に江州音頭の総踊りが盛大に開催されていましたが、私もこの日にはいつも踊りの輪に入っていたものです。それ以外にも延命公園、太郎坊の千日会など、至るところで江州音頭の盆踊りが開催され、まさに江州音頭は八日市の風物詩でもありました。ここまで江州音頭を八日市が誇る芸能文化として高めてこられた歴代保存会の皆様に、心より敬意と感謝の念を表すものです。

然るに、昨今は江州音頭保存会会員の高齢化と、資金難などで苦境に陥っていると聞き及びます。これからは保存会を存続させるためには、まずは市民である私たち自身が真剣に考えることが重要だと思います。これ以上「江州音頭発祥の地」をすたらせてはならないと思うのは私独りだけではないはずだと思います。

4　八日市江州音頭保存会会長　田中伸三

早いもので、私が八日市江州音頭保存会（愛舞会）に関わって五年が経過します。そうしたなか、昨今とくに江州音頭発祥の地として、ご当地音頭の盛り上がりが今ひとつと感じるのは、私だけではないと思うのです。昭和の最盛時には金屋大通りが踊り子の姿で一杯になるほどでしたが、今はその面影はありません。

原因の一つは、社会全般の高齢化であり、愛舞会も例外なくその影響を受け、活動の範囲が狭くなってきています。例えば、保存会の踊り手が会場へ移動するにも、高齢者が運転する自家用車に相乗りで行くという具合です。こんな状況で他府県へ出向くことは、財政援助でもない限り不可能というものです。それでも我々保存会としては、江州音頭の保存と普及のため、次のような活動をしております。

・市内各地区のコミュニティセンターに会員募集のチラシを置き、組織の拡大を図る。

八日市江州音頭保存会

・現会員のそれぞれが口コミで会員の勧誘を行い、各地区コミュニティセンターの行事に音頭の出演が出来るように働きかける。

・毎月第一月曜日に八日市コミュニティセンターで音頭の練習を行い、着付け（帯の結び方）の指導も併せて行っている。

今後に向けての活動としては、発祥の地としての誇りと行政の支援を取り戻し、以前のようににぎやかな街、市民から親しまれる八日市江州音頭保存会（愛舞会）として、未来に希望の持てる組織にしたいと思っています。
ところで、先日、延命公園の登り口にある「江州音頭発祥の地」の看板補修を実施しましたが、じっくり碑を見ていると、園内の一角でひっそりと私たちの活動を見守っているような気がしてなりませんでした。そこで改めて碑の裏に碑文をかみしめた次第です。初代会長の深尾寅之助氏が当時記された一文をここに紹介することにします。

古来、八日市は市場町として発達し、歴史と伝統ある豊かな民芸を形成してきたが、江州音頭もその一つである。江戸時代末期、八日市を訪れた祭文語りの櫻川雛山から歌祭文を伝授された西澤寅吉が「八日市祭文音頭」を唄い始め、後に江州音頭として大成し、初代櫻川大龍を名乗った。もう一人、江州音頭の発展に寄与したのが、奥村久左衛門こと初代真鍮家好文で、大龍と共に二大家元として活躍し、明治期に河内音頭や上方漫才にも影響を与えた。現在（昭和四十六年）、江州音頭保存会も結成され、「聖徳まつり」の江州音頭市民総踊りは八日市の中心イベントになっている。先般この地に「江州音頭発祥の地」の記念碑が建立され、これを機に先人の努力と精進を顕彰し、今後における江州音頭の保存・振興とさらなる発展を期待する。

私たち保存会一同も、深尾氏と同様に八日市の文化遺産である江州音頭の歴史と先人の思いを心に刻み、未来に向けて大切に引き継いでゆきたいと思います。

5　浜野地区の音頭愛好者　小椋昭治（筆者の親友、保存会会員）

私は旧八日市町生まれの七十三歳で、現在は八日市松尾町の住人ですが、私たちの大字浜野地区内にある延命公園には昭和四十四年七月十五日に「江州音頭発祥の地」記念碑が建立されています。これにより毎年七月中旬の日曜日には地区内にある「稲荷神社」の夏祭り行事として、浜野会館前広場で区民総参加による江州音頭総踊りが行われています。当日は早朝より、地区住民および松尾神社の氏子集団である正社会、正和会から三十ないし四十名が奉仕作業に出て、櫓の組み立てなどの準備に取り掛かり、夕方になると街頭マイクで浜野総区全域を巡回して、夜の踊り参加を案内します。やがて夜の七時頃になると、会場の夜店テントやお楽しみ抽選会ゾーンに人々が集まり、間もなく江州音頭の音曲が響きわたり、「浜野江州音頭保存会」の皆さんのリードで踊りの輪が広がるのです。

私たち浜野地区住民は老いも若きも共に江州音頭を楽しんでおり、多いときには四百人近い人の群れで賑わい、夏の夜の風物詩としてだけでなく、住民のふれあいの場としても親しまれ、自治会の年間主要行事として、かれこれ五十数年間引き継がれてきています。

江州音頭発祥の地「総おどり」にて。左より田中伸三氏、小椋昭治氏

なお、浜野地域の八日市駅前通りでは、例年七月末から八月初頭にかけて、市民総参加の「聖徳まつり」江州音頭総踊り大会が開催され、今年は第四十八回目を迎えることになります。昨年は七月二十三日に行われ、二十六団体、八百余名の参加でしたが、例年わが浜野地区からも三十名ほどが自主参加をしています。

しかし、昨今の「聖徳まつり」総踊りの状況は芳しくなく、以前（昭和期）のような活気がなくなっており、今後における江州音頭の振興と継承のために、今江州音頭保存会が何をなすべきかが問われています。因みに、東近江市が平成二十九年度から手掛けようとしている八日市駅前の市街地活性化事業のなかに「会館施設」が構想されていますが、是非ともこの機会に江州音頭と観光の施設を包括したものを建設してもらいたいと思うのです。これまで滋賀県においても、郷土芸能である江州音頭の発展のためにと英語版のパンフレットまで作成して全国に配布していますが、江州音頭発祥の地として歴史的に要である東近江市（八日市）の対策が奮っておらず、市の観光振興事業として、江州音頭の受け皿をもっと大きくしてもらう必要を感じるのです。

そこで、今後における江州音頭活性化のために、次のような活動が必要と考えます。

・旧八日市町地域の各自治会をはじめ地域住民の江州音頭への積極的な支援と参加を図る。

・江州音頭保存会の拡大・活性化と充実を図る。

・東近江市の観光施策として、県内外からの江州音頭愛好者の受け入れ態勢を作る（踊りの指導・参加への誘導、観光・宿泊施設への案内）。
・商工会議所、商店街、企業、各種団体と公的機関が協同体制を組むなかで踊り事業に取り組む。
・江州音頭の宣伝活動として、CDの作成・配布、インターネット・スマートフォン・携帯電話などからのアクセス紹介で、ホームページからの踊り参加の申し込みを可能にする。
・観光イベント会館の設置・運営、街角情報館とのコラボ、各種イベント（聖徳まつり、ジャズフェスティバル、大凧祭り、二五八祭り）などへの積極参加と協同活動を図る。

以上の通りですが、重ねて云いたいのは、江州音頭の振興・発展のためには、江州音頭関係者（音頭取りさんや保存会の人たち）と、市の観光部局ならびに商工会議所が三位一体となって、江州音頭の現状と課題について協議、検討を重ね、何よりもまず、今年の「第四十八回聖徳まつり」市民総踊り大会をより盛大にすることが重要と考えます。

外国人にも人気の江州音頭

面をつけた若者など、衣装を凝らす団体も多い

第一章

お盆は念仏しながら踊る日だ

日本の夏の夜は、花火や盆踊りが風物詩として人びとを楽しませてくれますが、その盆踊りには、音頭（歌謡）と踊りが付きもので、全国各地にはいろいろな音頭や踊りが生まれています。県土の真ん中に日本一の湖をもつ江州・滋賀県にも、東に江州音頭、西に高島音頭が伝わっていますが、名称からしても江州音頭の方が近江・滋賀を代表する郷土芸能として有名です。

そこでまず、江州音頭がどうしてお盆の行事として行われるのかを考えてみます。云うまでもなく、お盆というのは仏教の行事（法会）で、現在は八月十三日から十六日までの期間をお盆としています（旧盆は、七月十三日から十六日）。わが国では推古天皇の十四年（六〇六年）に初めてお盆（正式には盂蘭盆《うらぼん》会《え》）が催され、平安時代になると、中国からもたらされた「施餓鬼《せがき》の供養」と融合して、仏教の重要な年中行事として定着しました。

因みに日本には縄文時代の頃から、先祖の霊魂をていねいに祀る習慣があり、祖先の霊魂が特定の時期に子孫のもとを訪れるという考え方があります。この思想に中国から入ってきた盂蘭盆会や施餓鬼が結びつき、現在に続くお盆行事が形成されたようです。こうして、お盆にお寺やお墓にお参りすれば、その功徳が先祖の霊魂に廻向され、先祖の霊魂が喜ぶという考え方が生まれました。

その場合、お盆における先祖の祀り方については仏教宗派によりまちまちですが、最もポピュラーな方法はお墓や仏壇にお供え物をして「南無阿弥陀仏」と念仏を唱え、手を合わせることです。これは日本の仏教に最も浸透している浄土系仏教のやり方で、宗派としては、浄土宗、浄土真宗、時宗が代表的（他に念仏宗、融通念仏宗、一向宗）です。このなかでも特に時宗は盆踊りと関係が深く、宗祖の一遍上人は、「すべての人間は念仏を唱えさえすれば救われる」と説き、全国を遊行しながら踊念仏を広めました。

これと云った娯楽のない古代・中世の人たちには、踊りという娯楽付きの念仏は魅力的でした。それに、この時代は現代と異なり、貧困のほかに病気や戦乱でいつ命を失うか分からない日常でしたので、誰もが自分自身の生命や霊魂が将来どうなるのかは最大の関心事でした。そんなとき、一遍のような浄土仏教の僧が、踊りながら「念仏を唱えれば仏になれる」と浄土信仰を教え説いたのですから、民衆にとっては何よりの救いでした。

そして、お盆の期間は先祖と、あるいは先祖の魂との交流の時ですから、先祖に喜んでもらえるお供えものとして、奉納踊りが始められたのです。こうして、元々はお盆の奉納踊りとして全国各地に盆踊りが始まり、江州音頭も然りなのですが、その盆踊りは「念仏」しながらの「躍り」、踊念仏（念仏踊り）が母体となっています。それではまず、この念仏と踊りを結びつけた人の話から始めます。

1　空也と踊念仏

阿弥陀聖と踊念仏

前述の一遍上人よりさらに三〇〇年程前の九〇三（延喜三）年に生まれたのが空也上人で、後に得度して正式な僧名は光勝と云いますが、二〇才のとき尾張国の国分寺で出家して沙弥となり、京都に入ったのは九三八（天慶元）年のことでした。

空也が京都で活動した十世紀の中頃になると仏教界では浄土仏教の研究が盛んになり、「念仏聖《ひじり》」たちによって念仏教化の活動が熱心に行われていました。当然のこと、空也も京都市中を巡って民衆に念仏を勧めて廻ったのですが、九七二（天禄三）年に没するまでの布教は大変精力的なものでした。その様子は『空也誄《くうやるい》』という文書や、慶滋保胤《よししげのやすたね》が著した『日本往生極楽記』に詳しく記されています。

京都東山区にある空也開設の六波羅蜜寺には空也上人像が安置されていますが、その空也像の口の中からは「南無阿弥陀仏」の一音一音が小さな阿弥陀仏立像の形になって吐き出されており、このため空也は念仏聖とか阿弥陀聖とも呼ばれています。

ところで、念仏には「歌う念仏」と「踊る念仏」があり、踊る念仏も死者への供養、つまりは鎮魂呪術の念仏とされるのです。日本では古代より庶民の宗教観（感覚）として、念仏は呪術である一面、芸能でもありました。こうした死者の霊を鎮める呪術として行われる念仏は「藤原良相卒伝」という文献に見られ、この鎮魂の念仏が庶民の間に流入したのが十世紀の半ば頃、つまり空也上人が活躍した頃でもありました。十世紀末に成立の『日本往生極楽記』の空也伝には、「沙門空也は……口に常に弥陀仏を唱ふ」とあり、念仏に節を付けて歌う念仏三昧を行ったと記されています。また後世の一二九九（正安元）年に成立の『一遍聖絵』にも、「抑《そもそも》をどり念仏は、空也上人或は市屋、或は四条の辻にて始行し給けり」とあり、空也を踊念仏の創始者としています。このように踊念仏は念仏や和讃を詠唱しつつ、仏教儀礼として御霊の鎮魂や鎮送のために踊る呪的芸能でもあったのです。

空也僧と空也堂

空也上人の没後は、上人の流れをくむ僧を「空也僧」とか「空也聖」が活躍するのですが、江戸期に成立の『拾遺都名所図会』によると「京都四条堀川の東、鼓町に念仏宗の紫雲山極楽院光勝寺、通称「空也堂」が空也僧（聖）たちのを本拠地であった」と記されています。

また『滑稽雑談』という文献には、「空也僧たちが旧暦の十一月十三日から大晦日まで、毎夜京の市中を巡り歩き、或いは市街周辺の五三昧とか七墓と呼ばれた墓地に出向いて、鉦や瓢箪（瓢）を叩きながら念仏や和讃を唱えて四十八夜念仏を行じた」とあります。さらに『七十一番職人歌合』という文献には「むじゃうの声　人にきけとて瓢箪のしばしばめぐる　月の夜ねぶつ　うらめしや誰が鹿角杖ぞ昨日まで……はちたたきの祖師は空也といへり」と記され、このため空也念仏は踊念仏・鉢叩《はちたたき》念仏などとも称せられました。

空也堂や六波羅蜜寺の踊念仏

空也の踊念仏については、江戸時代、一七八二（天明二）年の『空也上人絵詞伝』にも記録があり、空也の教えを伝える空也僧（聖）たちが鉦や瓢箪を叩きながら和讃や念仏に合わせて足踏みと跳躍を主体とする踊念仏を行じていた、と記されています。この踊りが平成の現在までも空也堂で行われている歓喜踊《ゆ》躍《やく》念仏で別名「鉢叩き念仏」とも称せられ、元来は十一月十三日の空也忌に修せられたもので、空也僧たちが須弥壇の回りを太鼓と鉦鼓に合わせて、瓢箪を叩きつつ踊り廻っていたのです。

空也堂踊念仏『拾遺都名所図会』より（国立国会図書館蔵）

この「空也堂踊念仏」については一七八七（天明七）年成立の『拾遺都名所図』にも、ほぼ同じものが挿絵として描かれています。なお先にも書いた真言宗智山派の六波羅蜜寺に今も伝わる空也踊躍念仏は、空也忌の一ヶ月遅れの十二月十三日から晦日まで連続して踊られており、山吹色の法衣を着た四人の僧が、護摩壇の回りを時計回りにゆったりとした歩調で「モーダ　ナンマイト」と繰り返しつつ、踊躍しながら進んでゆきます。この踊躍念仏は空也堂のものと非常に類似してはいるのですが、空也堂と比べると踊りのテンポがゆったりしているのが特徴です。

こうして空也上人が活躍した十世紀は浄土仏教の研究が民衆の間に徐々に広がりはじめ、浄土信仰としての念仏が浸透してゆきました。そこで、空也上人が始めた踊念仏の「念仏」とは何かですが、勿論、私たちが仏壇に向かって唱えるあの「南無阿弥陀仏」のことです。

ところで、そもそも念仏における「仏」については「仏身」と「法身」という二つの意味があり、二種類の念仏があると云われます。まず仏身ですが、仏像や仏画などによる具体的な仏の姿・形のことで、これを見て仏の教えや救いを感得する念仏のことで「称名念仏」と云います。つぎに、法身というのは、仏の本質（真理そのもの）または仏の実相のことで、これを知ろうと、あるいは実相にたどり着こうとして唱えるのが「観想念仏」です。こうした二つの念仏のどちらが優れているかは、唱えるその人の考え方次第になりますが、一般的には浄土仏教系が称名念仏、天台仏教系が観想念仏と云われています。要するに、当時は庶民に仏教をやさしく分かり易く伝えることが重要視され、難しい仏教理論や厳しい戒律・修行のことよりも、「念仏を称えて全てを阿弥陀仏にゆだねれば救われる」という浄土信仰を広めることが大切であったのです。

2　良忍と融通念仏（声明）

さて、空也上人に続く平安時代の半ば過ぎ頃、天台宗の良忍という僧の出現により、念仏の意味が大きく変身しました。良忍は一〇七二（延久四）年に尾張国知多郡の領主の子に生まれ、比叡山三昧堂の堂僧となり念仏の修行に励んだ人で声明《しょうみょう》の名手でした。六世紀にわが国へ伝来した仏教には、元々「声明」という経文を音楽的に歌唱する音楽理論があり、この理論を用いて仏教独自の文法や音韻にしたがい、声に出して念仏を唱えるのです。七五二（天平勝宝四）年の奈良・東大寺の大仏開眼供養の際にも、声明を用いた法要が行われたという記録がありますが、声明は仏教を学ぶときの「五明《ごみょう》」と云う学問の一部であり、最も高度な仏教理論とされていました。

さて一一〇九（天仁二）年、京都の大原に「来迎院」を創設して天台声明の中心道場とした良忍は、難解な念仏を誰にでも歌えるような歌詞や曲調に改良し、五流に分かれていた魚山流《ぎょざんりゅう》声明を集大成し、念仏を難解な仏教哲学から歌う音楽へと大変貌させたのです。

彼は類まれなる美声の持ち主で音楽の天才でもあり、あらゆる仏教音楽をマスターして念仏を歌うように唱え、その吟詠の美しさは聴く人の心を融かすばかりであったと云われます。

その後、良忍は、一一二七（大治二）年に「融通念仏宗」を開き、融通念仏の信仰を広げるため、摂津に「大念仏寺」を創建しました。こうして良忍の念仏は、こむずかしい仏教哲学（理論）から、歌の感応に酔いしれる仏教音楽に変身し、歌うように繰り返し繰り返し念仏を唱えることによって、宗教的なエクスタシー（法悦、恍惚の境地）に達することを目指すようになりました。

そして良忍の声明は、その後の日本文化に計り知れない影響を及ぼすこととなり、声明の曲節から謡曲、説教に続いて江戸時代の浄瑠璃（義太夫）、祭文《さいもん》、チョンガレ、そして明治期の浪曲（浪花節）へと受け継がれてゆき、さらには、各地の民謡や現代演歌（歌謡曲）の小節の節廻しにも声明の揺りが影響していると云われます。

3　法然と専修念仏

時代は移り、良忍によって広められた法悦の境地を喜ぶ音楽的念仏の流れは、鎌倉新仏教の法然や親鸞によって引き継がれ、念仏が民衆の中へより深く浸透してゆくのです。最初は天台仏教の僧侶として観想念仏の修行に励んでいた法然は、一一七五（承安五）年、称名念仏の道を歩むことを決意し、比叡山を離れて、京都・東山の吉水で布教を開始し、称名念仏のみを行う「専修念仏」の浄土宗を起こして、良忍の跡を継ぐ道を開きました。

しかし、京都の巷で人びとに念仏の道を教える法会（専修念仏活動）が行われているとき、歴史的な大事件が発生しました。一二〇七（承元元）年のいわゆる「承元の法難」と云われた念仏スキャンダルのことです。事件の概要は、法然の弟子である安楽房と住蓮房が開いていた念仏法会に、後鳥羽上皇の二人の側室（松虫と鈴虫）が上皇の留守中に御所を抜け出して念仏集会に参加していました。そして安楽房と住蓮房は、融通念仏の良忍のように、すばらしい美声の持ち主であったため、その節回しや声の魅力に二人の側室はうっとりとしてしまいました。二人はその場で出家を希望しただけでなく、安楽房を御所に招き入れ、宿泊させせました。

このことを知って激怒した後鳥羽上皇は専修念仏の停止を命じるとともに、四人の念仏僧が死罪、宗祖の法然と高弟の親鸞が流罪となりました。こうして法然の専修念仏活動は一時頓挫してしまうのです。

後に弟子である親鸞により「浄土真宗」という徹底した念仏集団として復活するのですが、この宗派も阿弥陀仏の極楽浄土への往生を願う浄土信仰を根幹とし、信者の人びとは「南無阿弥陀仏」の名号のなかに全ての功徳（ごりやく、仏の恵み）が込められていると信じ、ただひたすらに称名念仏すれば、その他の仏道修行は必要なしとしています。そのうえ、神仏習合・本地垂迹思想の日本仏教においてはカミもホトケも一体と考えられ、阿弥陀仏はホトケであってカミであるとも云えるのです。こうした親鸞の教えをひた向きに信奉する念仏集団を、後の戦国期以降の人びとは「一向宗」とも呼びました。

ここで少し余談を挟みますが、筆者の先代までが浄土真宗の寺院でしたので、日常生活の基本が称名念仏であって、阿弥陀仏をご本尊として崇めます。ですから、幼少からの家庭教育として、「真宗門徒はオギャーという第一声でこの世に生を受け、最後は一言ナムアミダブツと唱えて終えるのだ」と教えられます。もっと平たく云うと、筆者個人としては阿弥陀仏を唯一絶対の仏と崇める訳で、この仏を「真理そのもの」あるいは「いのちそのもの様」ととらえるのです。そして、自己の現生を「いのちが今、私を生きている」という風に理解し、いずれ時が来れば「いのちそのもの」へ帰ってゆく身、と考えるのです。

要するに、私たち生類の生命は生まれたり死んだりを繰り返すように見えますが、それは「いのちそのもの」が変化する姿であって、「いのちそのもの」の本体は唯一絶対、永遠不滅の存在であって大宇宙に何回ビックバンやハルマゲドンが発生しようとも、未来永劫に存在し続けます。こうした永遠不滅性を仏として信仰する「阿弥陀仏信仰」が法然や親鸞により「浄土宗」「浄土真宗」と今日まで日本の仏教界に引き継がれている、と著者は考えるのです。

さて、ここで話を戻しますが、良忍から伝わった法然の念仏は、人びとを魅了する美声による念仏集団とも云える訳で、その意味では良忍の声明を引き継いだ形の、次の一遍の念仏に繋がる役割を果たしたことにもなります。そしていよいよ鎌倉末期における一遍上人の「時宗」の念仏によって「踊念仏」の全盛期を迎えます。

4　一遍と踊躍念仏

その一遍上人は一二三九（延応元）年に、伊予国（愛媛県）の豪族の子として生まれ、十歳で母と死別し、出家して天台宗の寺院に入り念仏の修行をしますが、十三才の時、筑前の大宰府に移り、法然の孫弟子に当たる聖達のもとで修行し、一遍智真と名乗りました。やがて一遍は踊念仏を始めるのですが、その事情についてはいくつかの文献があります。

その一つ『一遍聖絵』によると「信濃国小田切の里或武士の屋形にて聖をどりはじめ給けるに、道俗おほくあつまりて結縁あまねかりければ、次第に相続して一期の行儀となれり……」と記され、三〇〇年程も前に空也に始まった踊念仏が一遍に受け継がれ、一二七九（弘安二）年に信州の小田切という里で踊念仏を始めた様子がうかがわれます。またこの時の様子を描いた絵の方を見てみると、武士の法衣を着けた十一名の時宗の信徒と三名の武士が、一名の時宗聖を中心に輪になって踊念仏を行っている姿が描かれています。そして、鉢や鉦を叩いたり、簓《ささら》らしきものを擦って囃す者や、その囃子に合わせて手拍子を打つ者が、激しく足踏みをしながら円形に進んでいます。さらに、この踊念仏の輪を俗人の男女が囲み、一心に手を合わせている姿も描かれ、これらの人びとは皆が口を大きく開いておりり、念仏を唱えながら跳躍乱舞している様子です。

また別の文献で、一遍の生涯を描いた『遊行上人縁起絵』には、信州佐久郡伴野というところに熱心に極楽浄土を願う武士がいて、一遍とともに念仏を唱えていたときの体験談として「そぞろに心すみて、念仏の信心もおこり、踊躍歓喜の涙いともろくおちければ、同行ともに声をととのえて念仏し、鼓をたたいておどり給いける」と記されています。これはつまり、集団で法悦（自己陶酔）の境地に達して歓喜が溢れ、念仏を唱えつつ鼓を叩いて踊り回った、ということです。このほか『一遍上人絵詞伝』という史料にも同様の記述があり、一遍の踊念仏はあまりにもダイナミックなため「踊躍念仏」と呼ばれます。

以来、このことを契機に鎌倉をはじめ主要各地を行脚することを思い立ち、地方の群衆の前で法悦の境地に達した喜びを具現化してみせることで浄土信仰を広げようと考えたのです。その場合、一遍上人は二十人から四十人の同行者を伴い、その半数は尼でした。その時の同行者を時衆と云い、後に彼らの浄土信仰は「時宗」と呼ばれますが、遊行先の人びとが時衆の名簿に記帳すると「念仏札」を手渡し「極楽往生間違いなし」と約束したのです。こうした時宗の布教を賦算《ふさん》といい、十六年間で二五〇万人に達したと云われています。

ではここで、次に移る前に踊念仏についての整理をしておきます。踊念仏または踊躍念仏というのは、浄土系仏教を民衆に広めるため、空也上人が始め、一遍上人が完成した布教踊りです。大多数が文字を知らない中世の人びとには難解な経文や仏教理論は理解してもらえないので、分かりやすく「説教」したり、「御詠歌」や「和讃」でやさしく伝える方法が必要だったのです。さらに、仏教音楽としての「声明」は念仏を体で覚えてもらうのに最適で、音曲化した念仏を修行の根幹にしている融通念仏宗や時宗の人たちには、「踊りながら念仏する」ことが喜ばれ、「念仏すれば仏の世界に往生できる」という浄土思想の浸透を早めることになりました。とくに、一遍の踊念仏を信奉する時衆の人びとに至っては、鉦や太鼓の楽器入りの念仏で踊り回り、法悦（宗教的エクスタシー）の境地になって極楽往生できることを、ひたすら信じ願ったのです。

5　踊念仏から念仏踊り（風流踊り）へ

一遍上人が一二八九（正応二）年に亡くなってからも、踊念仏の流行は衰えませんでした。極楽往生が約束された「念仏札」の魅力と共に、法悦を求めた過剰な路上パフォーマンスは、踊る者、観る者双方にそれ自体が刺激的であったからでしょう。

隆盛の理由は他にもありました。踊念仏の始祖とされ、一遍より約三〇〇年前の人である空也上人が建てた京都の空也堂（光勝寺）でも、「歓喜踊躍《ゆやく》念仏」が大変人気を集めていました。

さらには、一遍と同年齢で一向宗の開祖である一向俊聖も、遊行や踊念仏を修行の根幹にしていたため、一向宗の踊念仏も世間に広がっていました。こうして十三世紀の後半は踊念仏の全盛期が続いていたのです。

ではこの踊念仏が、いつの頃から「念仏踊り」に変わっていったのか考えてみます。正和年間（一三一二〜一七）に書かれた『愚闇記《ぐあんき》』という天台宗系の文献の、踊念仏をする女性に関する記事を意訳すると「女はキンキラの着物を着て、顔には厚化粧をし、眉は青色に描いている。歯は黒く染めて、髪は長く垂らし、香を薫らせている。まるで遊女のような姿である。これでは念仏も汚れてウソの行となることだろう」とあります。

もう一例、一三二二（元亨二）年に成立した日本初の仏教通史である『元亨釈書』の記述には「農民の女が音楽を聞き、雑踏の中で踊り狂っており、世の中はますます愚かになってゆく。男も女も通俗に流され、酒席でたわむれ、盲目の男楽師や歌い女と膝つき合わせ、大声で念仏を叫び、跳ね回っている。町中どこも騒々しいことおびただしい」と書かれ、二つの記事はそれぞれが踊念仏を批判しています。

ではこれらが、どうして踊り念仏から念仏踊りへの変化を示しているのかですが、①踊り念仏は踊りと念仏三昧で法悦に達しようとする、仏教の行（宗教）である。だから、②キンキラの着物も厚化粧も必要ないし、宴席を設ける意味もない。しかし、ここの踊り集団には一片の宗教性も感じられないし、むしろ宗教から芸能への堕落とも見える。

このことを逆説的にみると、③この変化が踊り念仏を骨抜き（宗教性の欠如）にして新しい芸の世界を創り出した、と見ることができるのです。このようにみてくると、一三一五年から二〇年頃には、宗教性が残る踊り念仏から芸能的な念仏踊りへの移行が始まっていたと云えるのです。

ちなみに、念仏踊りというのは、単に踊り念仏をひっくり返しただけの呼称ではなく、十四世紀の当時は風流とか風流踊りと呼ばれていたものの一つとして、念仏踊りもあったのです。

6 風流踊りとは

そこで、風流踊りの「風流」のことですが、一般にはみやびやかとか、意匠をこらすことを指しますが、中世では「ふりゅう」と読み、物語や和歌の心を意匠化した風情あるつくりもの、衣類、祭礼などに出るきらびやかな練りもの、あるいは様々な支度をし、拍子物や歌をも伴い、手振り美しく踊られる「踊り」のことを称したのです。

こうした風流が流行したのは平安末期から鎌倉期にかけてであり、鉦鼓を鳴らし、手拍子を打ちながら踊るほとんどの全国的な念仏踊り、盆踊りが風流踊りに属します。例えば、奈良・興福寺大乗院門跡、経覚の日記『経覚私要鈔《きょうがくしようしょう》』によると、一四六九（文明元）年七月十六日に奈良郊外の古市で風流が催されて、「二十から三十人の者が紙で美しく飾った桶をかついで踊り、その踊り衆の中に風流衆が入る。これが二度、三度と続いた」とあり、この翌年には、頭に灯篭を載せた踊り手の集団も登場して、本格的な風流踊りの時代を迎えたとあります。

この記事で注目すべき点は、「大勢の人間が統一的なテーマで着飾り、頭の飾りや持ち物をそろえて、同一の振り付けで踊るという趣向・傾向こそが、風流踊り独自の芸態である」ということです。

さらに、統一的なテーマで着飾った例として、一五二二（大永元）年の『祐《すけ》維記《つなき》』という文献の七月二十一日に書かれたものに、「十四日から二十日までの七日間踊りがあった。この日は東大寺支配下の高畠郷より若宮神主館へ風流踊りを仕掛けてきた。笠鉾三本、そのほか小袖を腰巻にした踊り衆が四十人ほどいた。薩摩踊り、西行桜、新発意《しんぼち》太鼓、五位鷺の踊りなどを披露し、なかなか面白かった。踊りは深夜過ぎに終了した」とあります。この文書からも、四十人の踊り手が笠鉾で飾り小袖を腰巻にするという、統一的なテーマで着飾っているのが分かります。

これに似た例が、同じ文献の一五二六（大永六）年七月十九日の記事に、奈良高畠の神人（神社の雑役に従事する神職）が、六方衆（奈良・興福寺の僧兵）のところへ踊りを披露しにいった際の記録として、「各々が一段と見事な唐織物の小袖を用いていた。奈良中が火事で焼失したというのに、これだけの小袖などを、どのように用意したのだろう」と人びとが噂し合ったというのです。

この二つのエピソードからうかがえる変化は、一五二一年には小袖を腰に巻きつけていたものを、五年後には身にまとっており、男性の女装が明確化しています。この男性が女装して踊るという点も、風流の風流たるゆえんと云われるのです。

またこの頃は庶民の若者だけでなく、公家による風流踊りも盛んだったようです。戦国期の公家・山科言継《ときつぐ》は、京都烏丸通りの町衆による風流踊りを「烏丸踊り」と呼んでいますが、日記『言継卿記《きょうき》』の一五六八（永禄十一）年七月二十七日の記述で、烏丸踊りの衣装について次のように書いています。「総人数五十三人。金銀の笠に、四方に唐糸を垂らしたものが各四人、白帷《しろかたびら》（絹織の下着）、腰巻、まわりに華麗な絵のあるもの。幟《のぼり》持ち五、六人、中踊りの腰巻はいずれも紅梅である。烏帽子《えぼし》、たすきはみんなかけちの帯、扇は金銀で絵はなし」という具合です。

ところで、風流踊りは念仏踊りだけを云うのではありません。数十人の踊り手が腰に付けた太鼓をにぎやかに叩きながら踊る「太鼓踊り」、踊りの先頭に等身大のワラ人形を押し立てて、鉦や笛で囃し立てながら踊りまわる「虫送り」、数十人の女性による優雅な舞が特徴の「小歌踊り」など、この時期には豪華さ・派手さを売りものにする踊りが、次々と生まれていました。そして、それらの一つに「念仏踊り」も数えられていたのです。分かり易く云うと、死者の鎮魂のための仏教儀礼であった「踊念仏」から宗教性が消え、音曲化・芸能化が色濃くなったものを「念仏踊り」と云い、当時流行の「風流踊り」の仲間となっていったのです。

7　盆の踊りから「盆踊り」へ

先に見たように、各地に生まれてきた風流踊りは、主として盆の季節に集中して行われたのですが、もう一つの特徴は、この風流踊りが応仁・文明の戦乱のさなかに行われていることです。日本の歴史において、十五世紀後半から十六世紀にかけては戦国時代といわれ、戦闘と内乱に明け暮れていたのですが、ちょうどその時期に風流踊りが盛んになってきたようです。

そこで、室町幕府によって奈良における盆の芸能（風流踊り）が禁止されました。京都で激しい戦闘が繰り広げられているのに、奈良では派手に芸能三昧とはけしからん、というわけです。この禁令により奈良市中では踊りが中止されましたが、少し郊外の古市では幕府の禁令を無視して、盛大に行われていたのです。その具体例として、奈良・大乗院門跡を務めた尋尊らが書いた日記『大乗院寺社雑事記《ぞうじき》』の一四八四（文明十六）年七月十七日の記述に、「盆踊りのこと、六日より奈良中でこれを止める。白豪寺・大安寺などもこれを止める。今夜は古市で大風流なり。この間、連夜、念仏踊りあり」とあります。

この記事は「盆踊り」という字句が最初に使われたという点で、画期的な資料ということになりますが、この時期はすでに戦国時代に突入しており、幕府や諸大名・権力者たちが戦闘に明け暮れ、治安の対応に追われていたため権力の締め付けも少なく、そのお陰で庶民の間では、盆踊りという新しい「風流芸」を創出することが出来たのでした。

なお、春日権現神主師淳の『明応六年記』の七月十五日の記事によると、「毎年盆の踊りは、昼は新薬師寺にて躍り、夜は不空院の辻にて躍る」とあり、一四九七（明応六）年の数年前から禁止令は出せずにいたか、出されていても無視されていたことが窺えます。しかもこの記述につづけて「踊り風流は治安の乱れを招く恐れがあるため、明日十六日から停止するとのお触れが出たものの、古市あたりからそういうことはないという意見が出された。このため明日の中止は臨時の措置とする」と記されており、こうした記事から推測しても、当時すでに室町幕府の威信は失墜し、政権の命運は尽きていたようです。

8 念仏踊りが盆踊りとして定着

応仁・文明の乱により、京都の街はすっかり荒廃してしまいました。京都で盆の風流踊りが復活したのは乱が終わって、およそ五十年後のことで、本格的な風流踊りが出現したのは、十六世紀の半ば、天文年間（一五三二〜五五）になってから最盛期を迎えました。例えば、①一五四〇（天文九）年の盆に細川

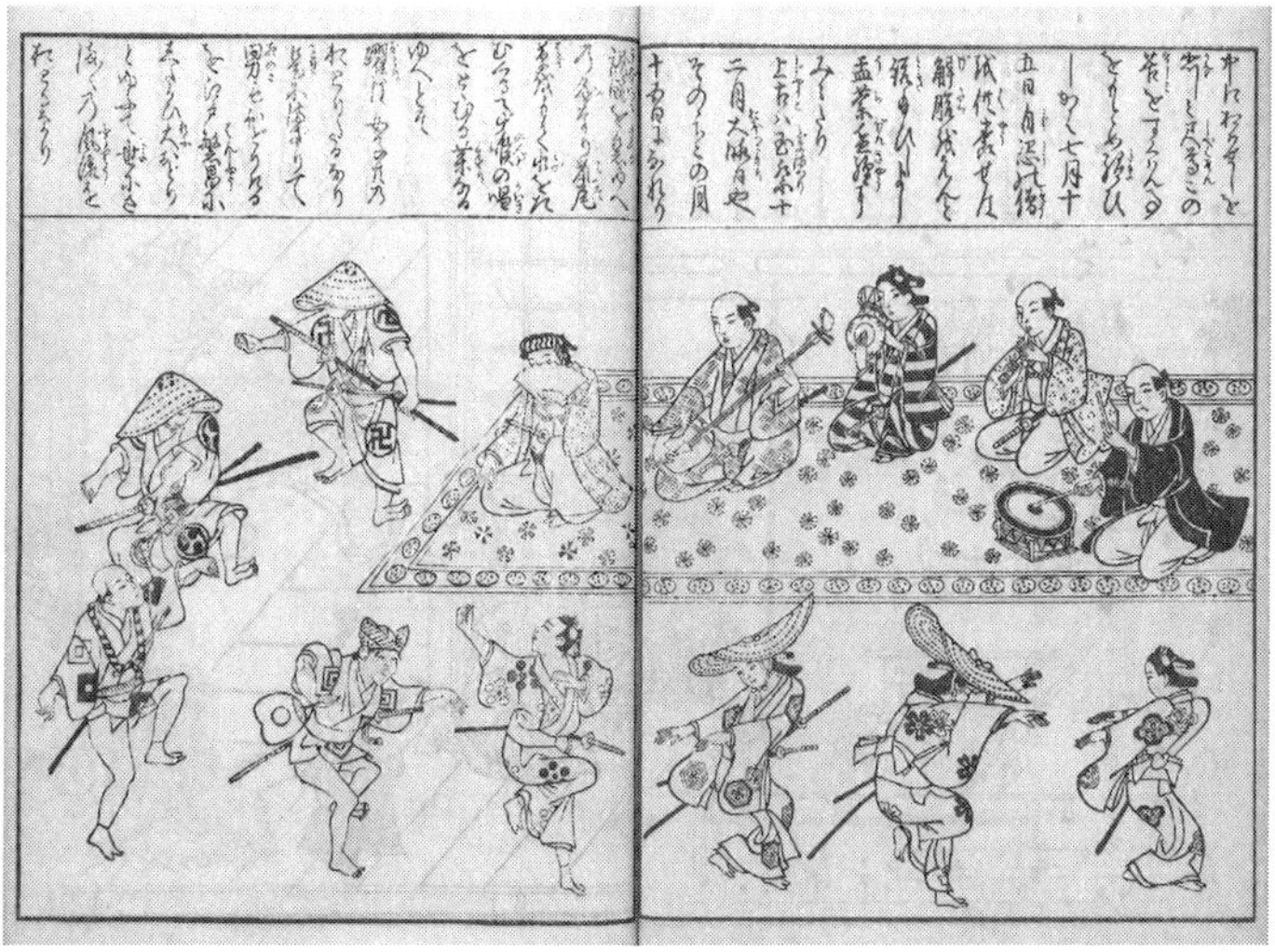

元禄期頃の盆踊りの様子『大和耕作絵抄』より（国立国会図書館蔵）

晴元が、将軍を招いて踊りを行ったとか、②一五五二（天文二一）年には京都・東山粟田口の町衆が幕府で風流踊りを披露したり、③武家奉行衆が武家伝奏（武家の奏請を朝廷に取り次ぐ役職）の広橋兼秀邸へ踊りを押し掛け披露したり、④一五五三（天文二二）年には洛東の吉田衆、下京衆、室町衆などの町衆が宮中へ踊りを掛けに行った、とあります。

　やがて戦国期が終わると、あとは織田・豊臣政権となり、続く十

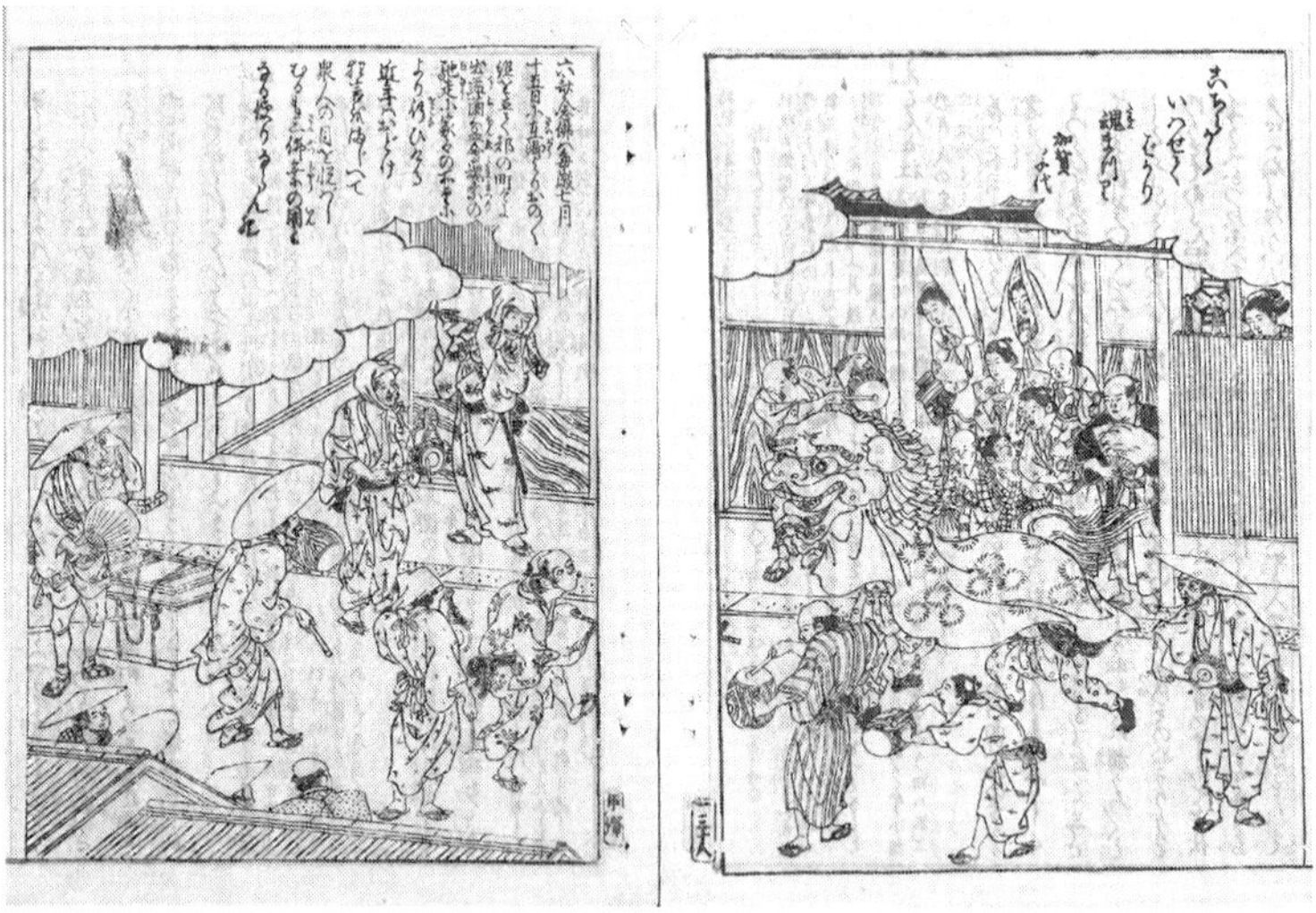

笛や獅子舞も加わり娯楽化し、芸能六斎と云われた『拾遺都名所図会』より（国立国会図書館蔵）

七世紀は徳川（江戸）時代となります。江戸期は庶民にとって、締め付けと安定の時期になるわけですが、踊り・芸能文化も幅広いものとなり、盆踊りも全国的に定着してゆきます。

例えば、一六七七（延宝五）年頃に成立したといわれる黒川道祐の『日次紀事《ひなみきじ》』によると、京都における当時の盆踊りとして、「踊躍、念仏躍、児女踊躍、地蔵躍、灯籠躍、題目躍」などが挙げられています。七月十四日には「念仏躍」が川合村や修学村で、「地蔵躍」は七月十五日に幡枝地蔵・愛宕山地蔵権現など、京都のあちこちで演じられていたのです。そして、これらはいずれも「躍」と記されていることからして、踊念仏系の激しいものだったことが推測されます。さらにこうした「盆の踊り」ブームは、ほとんど同じ頃、江戸においても起こっていました。『武江年表《ぶこうねんぴょう》』の慶安期（一六四八～五一）の項に「毎年七月になると、市中で男女の踊りが催され、夜までにぎわう」とあり、三代将軍家光の事跡を記した『大猷院殿御実記《だいゆういんどのごじっき》』の一六四九（慶安二）年七月の町触れの項にも「盆躍」として「町々にて躍することいましむべからず」とあることからも、この頃から江戸でも盆の踊りが盛んになったことが推測できます。

さらには、各地の盆唄を集めた柳亭種彦の『諸国盆踊唱歌』、これは寛文年間（一六六一～七二）に成立したとされていますが、そうであるならこの文献からも盆踊りという言葉は一六〇〇年代の半ば頃に定着したと云えそうです。

その証拠に、一六七七（延宝五）年になって、盆踊りブームが一挙に爆発し、江戸ではその年の七月から十月にかけて毎晩宵の口から明け方まで踊り明かすようになり、とうとう町奉行から禁止令が出ても止む気配がなく、再度の禁止令が出たが、それでも止めない者がいたので、逮捕者まで出る始末であったようです。

第二章

こうして江州音頭は誕生した（八日市と豊郷）

1　江州音頭の定義

前章でみてきたように仏教国のわが国では、十七世紀の中頃の江戸期に全国各地（藩）で庶民の娯楽、芸能として盆踊りが定着してきました。当然、私たちの滋賀・近江の国にも各地域に盆踊りが創出され、古いものでは「信楽音頭」や「高島音頭」などがあり、八日市の玉緒地区には祭り芸能として「最上《もがみ》踊り」が知られています。これは小歌（唄）踊りが地方化したものと云われ、江州音頭にも影響しているのかも知れません。

ではいよいよ、近江・滋賀における代表的な盆踊り、江州音頭の話に入ります。まず定義的に云うと、「音頭」とは元々は雅楽の名称で、雅楽には管絃にも歌にも音頭というものがあり、最初の一節を音頭が独奏または独唱し、その後に続いて数人が合奏または合唱（斉唱）することを指し、読み方は最初「おんとう」が「おんと」となり「おんど」となっていったようです。これが後に、音頭の者が歌う文句を指すようになり、やがてその歌い手を音頭取り・音頭方・音頭出し等と呼ぶようになったのです。

そして「江州音頭」とは「歌」と「踊り」がセットになったもので、滋賀県の八日市を中心に近府県で行われる踊口説*である、と観光パンフや芸能記事には説明されています。

それからこの江州音頭は、屋台音頭と座敷音頭とに分かれており、野外で踊り音頭として行われる時は、音頭棚と称する櫓を踊り場の中央に組み、踊り集団が音頭取りの唄いに合わせて踊るもので、座敷音頭は夏季に限らず室内で演じられ、聞いて楽しむ音頭です。

＊『踊口説』

「口説」は「くどき」と読み、世間一般では男女間で男が女性を口説くときに用いますが、元来は芸能用語で、平家琵琶や謡曲において恋慕、哀愁、懐旧などの感情を表わす曲声を指します。これが江戸期以降に民謡の歌詞に入ってきたものを口説節と云い、平たく云うと、くどきとは有名な語り物（国定忠治やお夏清十郎）を歌うように語る「歌物語」で、これを現存の盆踊り歌に仕組んだものを「踊口説」と云うのです。

2　豊郷の踊りと八日市の歌の融合

それでは、江州音頭はいつ頃、何処で、どのようにして始まったのでしょうか。周知の通り昔から「江州音頭の元祖はどこか」と問われることがありますが、それは豊郷と八日市の二ヶ所に「発祥地の建碑」があるからです。当然、それには理由があるわけですが、筆者としてズバリ答えを云いますと、踊りの始まりは「豊郷」、歌の発祥は「八日市」ということになります。

豊郷のことについては後の章で詳しく述べますが、要するに、歌と踊りが融合・一体化したということであり、ここでは踊りと歌がどのようにして融合し、江州音頭となっていったかの概略を書いておきます。

先にも書いたとおり、江戸時代には各藩の奨励もあり、風流踊りから発展した盆踊りが日本各地に夏の風物詩として定着してゆきました。近江国、滋賀においても高島音頭、信楽音頭、最上踊りなど各地の村々在郷ごとに盆の行事、あるいは夏の娯楽として「盆踊り」が始められております。その場合、歌には必ずしも踊りを必要としませんが、大抵の踊りには歌が付きもので、歌のない無言の踊りなど誰も踊りたくないし、見物人も不気味で見ていられません。

そこで、踊りに結びつく歌の種類はいろいろで、各地には昔から伝わる仕事歌、祝賀歌、宴席歌、祭り歌、豊年歌、風流歌など地歌・小唄・などと呼ばれる様々な歌謡があります。もちろん、滋賀を代表する江州音頭にも歌がありま す。これが即ち祭文音頭（祭文くずし、祭文節とも云われた）で、これを唄い出したのが八日市出身の「歌寅」こと西澤寅吉です。

また十六世紀の昔に豊郷の千樹寺で始められた「経文踊り」が「観音盆」として継承され、江戸時代の末にこの踊りに寅吉の祭文音頭が踊り歌として用いられ、同時に扇や日傘を使って踊るようになり、「枝村音頭」とも云われました。

やがて、明治の末から大正期にかけて、寅吉の祭文音頭が江州音頭として近畿周辺に広まり有名になると、豊郷の観音踊りも江州音頭として名が通るようになったのです。

それでは、次の章で八日市の歌寅の話を詳しく述べることとしますが、その前に、江州音頭の基底・母体となった古来の歌芸能を、江州音頭の理解を深めるために考察しておきます。

3　江州音頭の源流「祭文」について

さて、前章では念仏が踊念仏に、そして念仏踊り（風流踊り）へと発展し、やがて盆踊りへと定着していく歴史を見てきましたが、ここでは江州音頭の歌謡・音曲について考えてみます。

歌念仏

近世の初めに念仏踊りの「踊り歌」として起った俗曲で、寛永十五年の『鷹筑波集』にも「小歌ふしに申す念仏」とあるように、念仏を唱えるのに鉦を叩きながら小歌のように節をつけたので、歌念仏あるいは「うたねぶつ」と云われました。これを唄う者は僧形の男または比丘尼の類で、これらには一定の場所に現れて聴衆を集める者と、家ごとを巡る門付（勧進）がありました。

元禄三年の『人倫訓蒙図彙《じんりんきんもうずい》』七には念仏の俗化をひどく嘆いて「夫れ念仏といふは万徳円満の仏号也、然るをそれに節をつけうたふべきやうはなけれど、末世愚鈍の者をみち引きせめて耳になりと触れさすべきとの権者の方便ならん。それを猶誤りていろいろの唱歌を作り是をかねに合わせてはやし、浄瑠璃説経のせずという事なし、末世法滅の表じなり、かなしむべしなげくべし」と述べています。つまりは、この節回しが人びとに喜ばれるようになり、やがて、この節調に合わせた新しい歌詞が作られたり、浄瑠璃節（義太夫）や説教節の歌詞までがこの節回しで歌われるようになりました。

歌祭文（祭文）

祭文とは、本来は祝詞のように神仏を祭る際に告げ申す神聖な文章のことですが、平安期にはすでに、これをもじった娯楽的な祭文が生じ、室町時代に至って歌祭文と云われて、専ら山伏修験の徒がこれを大道芸にしていました。

錫杖を持った祭文語り
『人倫訓蒙図彙』七より
（国立国会図書館蔵）

さらに江戸期には「祭文語り」が演じる俗人芸能となり、元禄三年の『人倫訓蒙図彙』七に「祭文。此山伏の所作祭文とていふを聞かば神道かと思へば仏道、とかく其本拠さだかならず、伊勢両宮の末社に四十末社百二十末社などゝいふ事更になき事にて」とあります。また、後世の巫女が神おろしに唱えた「抑々謹み敬って申し奉るは、上に梵天帝釈、四大天王、下界に至れば閻魔大王、五道の冥官、わが朝は神国の初め天神七代、地神五代の御神、伊勢は新明天照皇大神宮、外宮には四十末社、内宮には八十末社……」と比較的原祭文に近いものが元禄頃まで残っていたようです。

歌祭文は金杖《こんじょう》（錫杖の頭部のみのもの）や三味線を伴奏にして、声明風の独特の節回しで唄ったのですが、やがてこれらが地方で盆踊歌となり、祭文踊・祭文音頭となっていったのです。

なお、歌祭文の歌詞は江戸期になると、世俗の恋愛心中事件などのニュース種を取り入れるようになり、唄本や瓦版としても売られて世間に広まったのですが、最も流行したのが、八百屋お七・お染久松・おさん茂兵衛・小さん金五郎・お初徳兵衛・お千代半兵衛・お夏清十郎・おしゅん伝兵衛で、これらを「八祭文」と云われました。

後に、こうした歌祭文の詞曲は近松の作品や世話物浄瑠璃に大きな影響を及ぼし、同じ大道芸のちょんがれ（ちょぼくれ）、阿保陀羅経さらには浮かれ節の母体ともなったのです。

説教祭文

これは仏教から派生した祭文で、本来「説教」というのは僧侶が経典や教義を説いて民衆を教化するために行うのですが、中世末期になると娯楽的な通俗説教が生まれ、これを「説教節」と云いました。これに身振り、手振りや音曲的な要素も加わり、簓《ささら》や鉦、鉦鼓《しょうこ》を伴奏に入れて門口に立つものを「門説教《かどせっきょう》」と呼ばれました。そしてこのように芸人化した説教者を放下僧《ほうかそう》（師）とか願人《がんにん》坊主《ぼうず》と云い、彼らは大寺院造営の勧進札を売る目的で、歌と踊りを交えた説教を生業としていたのです。そのため説教を聞く人々は、説教の功徳よりも芸を楽しむために集まり、勧進札を買うのはついでのようになっていました。

　こうして説教祭文は、寺社を足場として芸能の旅を生活の手段と

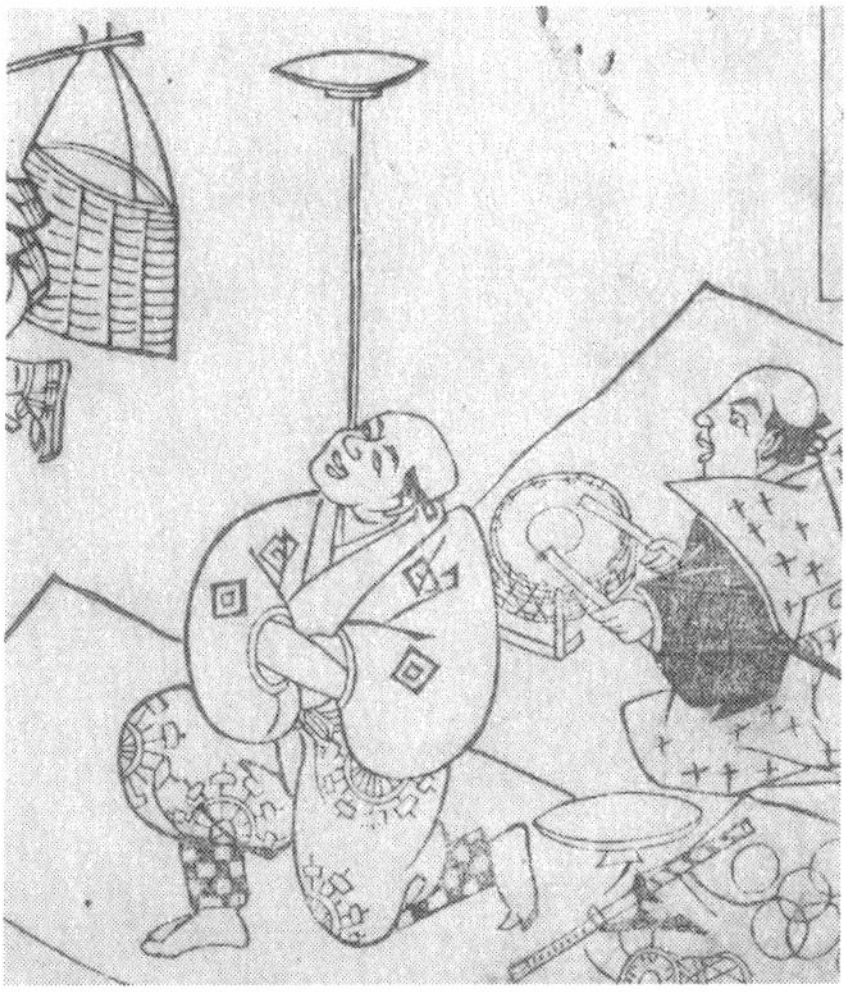

皿回しをする放下師『人倫訓蒙図彙』七より（国立国会図書館蔵）

する者たちの放浪芸として広まったのです。しかし、その隆盛期は元禄の頃までで、徐々に大坂の義太夫節や江戸の河東節などの浄瑠璃に圧倒されてゆきました。ところが、寛政の頃になると説教祭文と山伏祭文が結びついて、またもや復活を果たしています。

デロレン祭文（貝祭文）

これは江州音頭に直結する歌謡です。江州音頭は最初「江州八日市祭文音頭」と云われ、その後の江州音頭の誕生は、近江八日市を訪れ逗留した山伏が、旅籠で働く歌の上手い板前に祭文を教えたことに起因するのです。

ところで、その板前に伝わった祭文というのは、神仏に捧げられる原形の祭文ではなく、歴史のなかで世俗化・芸能化した歌祭文の一種「デロレン祭文」と呼ばれるものでした。

デロレンというのは、口で唱えるホラ貝の擬音（デーン、デレーン、デーレレン、レーレレンなど）で、これを物語（文句）の区切りで唱えながら、実録の物語を講釈ネタにして語るのがデロレン祭文です。なお、一七八九（天明九）年・山東京伝の洒落本『新造図彙』にも「螺……さいもんの三味線に此貝用ゆ」とあるように、ホラ貝を口にあてて口三味線を唱えたということで、デロレン祭文は別名「貝祭文」とも呼ばれます。

また、一八三〇（天保元）年の『嬉遊笑覧』という文献の記述によると、この頃の歌祭文は「上州祭文」と呼ばれており、当時は説教祭文や浮かれ節などに押されて、江戸から北関東・東北へ流行の中心が移っていたようです。さらに、関東・東北入りしたデロレン祭文は、一方では北陸から関西・中国・四国方面へも流布されました。そして、各地に伝播したデロレン祭文のうち、その土地の芸能として最も強く根づいたのが、盆踊りの音頭と結びついた関西地方でした。滋賀県をはじめとする近畿各府県では、もともと上方の歌祭文を踊り口説きとした「祭文音頭」が盛んであり、なかでも滋賀の江州音頭は格別で、あきらかにデロレン祭文の芸態を残しています。

とくに、真鍮家系の座敷音頭には、語り出しに貝を入れて貝祭文の古式を残しており、これを「江州祭文」と名づけて、近年、その復興を試みているのが櫻川好玉（加藤善也）という人物です。因みに、この「デロレン祭文」が滋賀県以外で関西に伝わったものとして、伊賀の「山崎派祭文」、奈良市田原の「砂川派祭文」のほか、「大和祭文」、「河内祭文」があります。

第三章

江州音頭を作り上げた二大家元（櫻川大龍、真鍮家好文）

1　江州八日市祭文音頭の誕生

さて、長らくお待たせしましたが、ここからが直接の江州音頭のお話となります。前述のとおり踊りの始まりは豊郷でしたが、歌については八日市が元祖なのです。盆踊りの踊り歌については、いろいろな歌謡・音曲が結びつく可能性があり、最初から「江州音頭」としてスタートしたのではありません。江戸期幕末の頃、近江国神崎郡八日市の金屋郷で旅籠の板前をしていた寅吉という男が山伏から歌祭文を習い、この歌祭文に昔から伝わる古風な音頭（高島音頭や枝村音頭）の節回しを加味し、持ち前の美声で唄い出したのが「江州八日市祭文音頭」と云われるものです。

以後寅吉がこの祭文音頭を盆踊りとしてまとめてゆくと、次第に人気を博するようになり、弟子の奥村久左衛門の協力も加わり、徐々に「江州音頭」として大成していったのです。こうして元々のネタである「祭文」に他の音頭の要素を取り入れて独創的なものにしたのが寅吉の江州音頭であり、山伏から継承した「祭文の伝統」を忠実に守ったのが真鍮家の江州音頭でした。

2　櫻川大龍（西澤寅吉）

江戸後期の文政年間（一説では文政十二年）、市場まちとして賑わった八日市に、一人の山伏姿の祭文語りが来て旅籠に逗留しました。その人物は、武蔵国榛原郡岡部村（現・埼玉県深谷市）の櫻川雛山と云い、中山道沿いの萬宝院に属する山伏でした。その山伏が泊まった旅籠で板前をしていたのが「寅吉」という歌の名手で、彼は雛山に見込まれ貝祭文を伝授されたのです。

寅吉は一八〇九（文化六）年、神崎郡御園村神田郷（現東近江市神田町）の生

金念寺にある初代櫻川大龍の慰霊碑

まれで、雛山から習い覚えた歌祭文に工夫を加え、踊りに合ったものにするため、古来の音頭をしっかり研究し、念仏踊りの「歌念仏」や他の踊りの「踊口説」を取り入れて、彼独自の「江州八日市祭文音頭」（八日市音頭とも云われた）を仕立て上げたのです。

そして一八六九（明治二）年、寅吉が五十九歳のとき、最初に教えを受けた櫻川雛山の姓をもらい初代・櫻川大龍《だいりょう》を襲名し、続いて明治九年の苗字廃刀令により西澤姓を名乗りました。

その後大龍は、弟子を育てつつ八日市音頭を広めるため、精力的に音頭の興行に出かけますが、一八九〇（明治二十三）年三月二十五日に旅先での興行中に亡くなっています。大龍晩年の居住地であった八日市金屋の「金念寺《こんねんじ》」（浄土宗）には、明治二十五年に門弟らが慰霊碑を建立しています。

因みに、この金念寺の山門前には一八八四（明治十七）年に、大峰山信仰に関わる「行者堂」が建てられており、これは山伏や修験者として諸国を巡った「祭文語り」の歴史に起因するのかも知れません。

なお、大龍亡き後の系統は弟子が代々相承しましたが、「大龍」の名跡が続いたのは五代までで、それ以降は公式に大龍を名乗る者はいないようです。

3　真鍮家好文（奥村久左衛門）

ところで、先にも触れたように、江州音頭が大成するには、もう一人立派な協力者がいました。その名を奥村久左衛門と云い、一八三九（天保十）年の生まれで、寅吉とは親子ほどの年の差があり、住まいは晩年の大龍が居住した八日市金屋にあって、真鍮細工の金物師を家業としていました。

彼は最初、八日市音頭で有名になった頃の寅吉の弟子であったと考えられ、櫻川大龍亡きあとは家業に因んだ「真鍮家」の名で一流派の家元として一家を構え、初代「真鍮家好文《こうぶん》」を名乗りました。真鍮家の音頭は、江州音頭の元ネタである「デロレン祭文」を忠実に守ったもので、八日市周辺のみならず県外からも多くの弟子が好文流の音頭を習いに来ていました。

金念寺に建つ初代真鍮家好文碑

とくに明治三十年代から大正期にかけて、大阪河内からも河内音頭のできる人が習いにきており、大阪民謡の代表である河内音頭と江州音頭は互いに影響し合ったものと考えられます。

好文が没したのは一九二二（大正十一）年であり、墓は大龍と同じく八日市金屋の金念寺にあります。真鍮家の跡目については三代までを実子が継承しており、その三代目の文子は好文ではなく「文好」と名乗っていました。なお、真鍮家の系統には血縁でない三代目櫻川梅勇のように「櫻川」を名乗る弟子も出ているほか、初代好文の弟子であった「国丸」は喜劇役者の志賀廼家淡海《たんかい》であり、有名な「淡海節」の作者でもあります。

淡海節

志賀廼家淡海は一八八三（明治十六）年に滋賀郡本堅田村の割烹旅館「二階屋」の子として生まれ、芸能コンクールで優勝したのがきっかけで国丸の芸名をもらい、十八歳で芸の道に入りました。

その後、一九〇五（明治三十八）年には新派劇団「堅国団」を立ち上げ座長となり、その三年後には喜劇に転じて志賀廼家淡海と改名し、「八景団」という一座で地方巡業に励みました。一九一七(大正六)年に初めて「よいしょこしょ節」を歌って有名になり、後にこれが「淡海節」と云われて大流行したのです。そのほかにも「成金節」や「左様か」がありますが、歌詞、曲節とも淡海の自作です。一九五六(昭和三十一)年に旅の巡業先で亡くなりましたが、昭和四十一年、生誕地である堅田の「本福寺」に記念の歌碑が建てられました。

4 江州音頭の流派の分布

では次に、櫻川家、真鍮家の二大家元に関する流派の分布・系統図について記しておきます。但し、これは昭和四十年代までの系譜に、その後さまざまな方面から知り得た可能な限りの継承者を書き加えたもので参考程度にしかなりません。

因みに、一九七〇年当時の滋賀県内には百数十人の音頭取りがいたと云われますが、そのうち名の通った親方格は十数人で、それぞれが芸名をもち家元を名乗っていました。勿論、厳格な意味での家元は、櫻川系と真鍮家系の二大流派に限られるのですが、真の意味の芸能プロでないだけに新たな一派を唱えても、やかましくは云わなかったようです。

系統図を見ると、櫻川姓や櫻川の何代目かを名乗る親方が、八日市を中心に湖東地区から長浜辺りまで、また南は湖南・甲賀方面から草津、膳所、大津、堅田方面にも、一人一派の音頭取りが多く見受けられます。

しかし、さすがに音頭発祥地の八日市を含む湖東地区には特にその数が多く、当時は親方たちが集まって「江州音頭協会」（会員約三十名）を結成していましたが、会員になるにはその資格、実力を認めてもらうための全員の承諾が必要でした。プロでないとは云え、音頭取りの親方になるにはそれなりの努力と苦

江州音頭の流派・系統図

この図は過去の文献図に、平成29年12月末時点で、筆者が関係者からの聞き取りで追加補充したものであり、将来的にも加筆訂正することがあり得ます。

考証　丁野永正

══ は同一人物

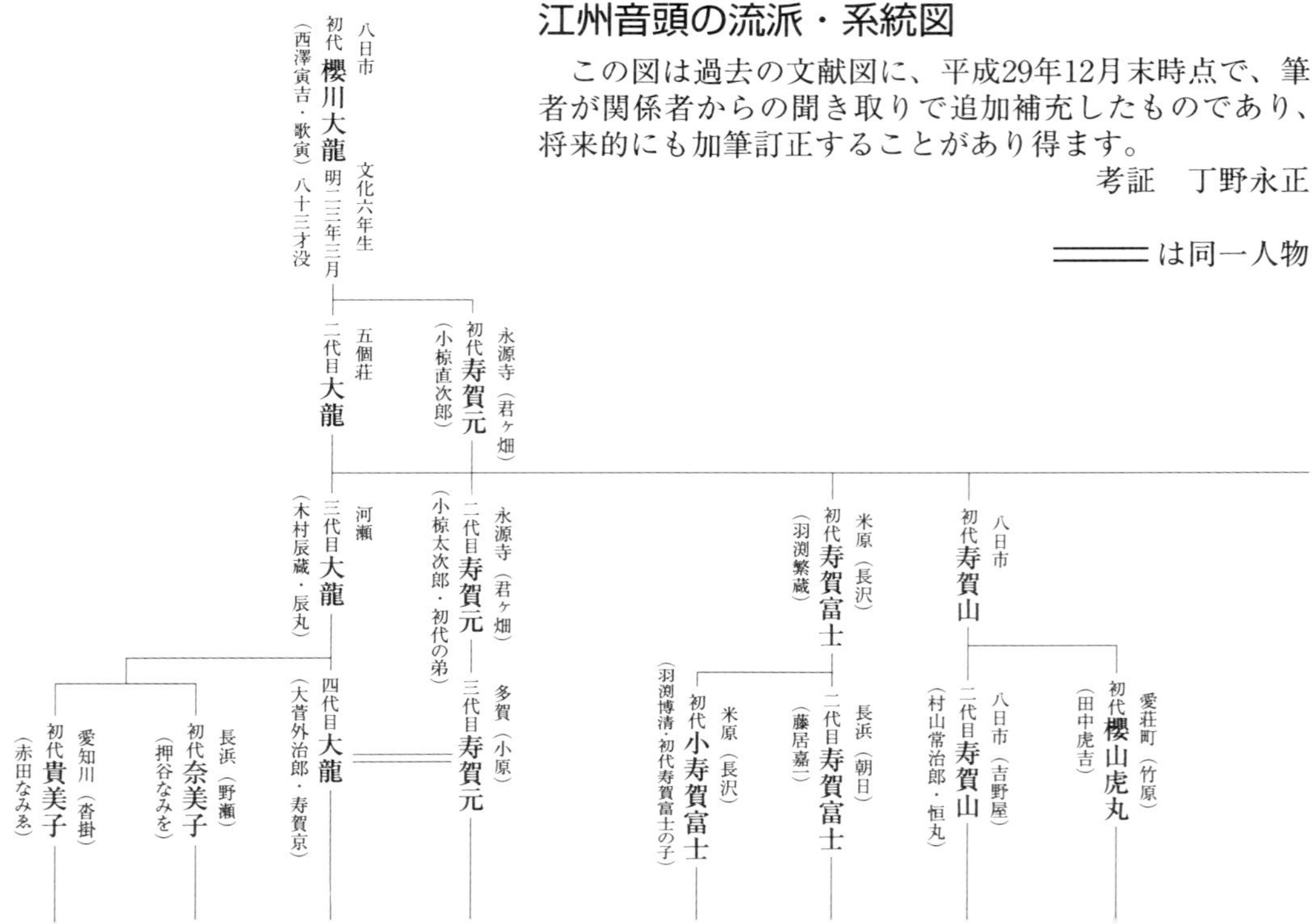

— 二代目貴美子（山崎美江子）彦根（清崎町）

— 二代目奈美子（長崎綾子）京都（岩倉）

— 五代目大龍（成宮仁平・寿栄丸）米原（飯）

— 四代目寿賀元（小椋直松・二代目寿賀元の息子）彦根（大堀町）
- 初代愛京（村山増吉）愛東（園）— 二代目愛京（木村重兵衛）愛東町 — 三代目愛京（小沢徳右衛門）八日市（建部）— 四代（無し）— 五代目愛京（戸嶋孝二）湖東（下岸本）
  - 三代目愛京 — 愛虎（山本　均）豊郷（安食南）
- 寿賀松
- 五代目寿賀元（外川末蔵）秦荘（蚊野）— 六代目寿賀元（外川音弥）秦荘（安孫子）— 七代目寿賀元（外川　清）秦荘（蚊野）

┌ 初代寿賀若（羽渕清信・初代小寿賀富士の子）米原（長沢）
└ 二代目小寿賀富士（小川正二）長浜（常喜）

— 三代目寿賀富士（二代目の息子）（四代目に継承）長浜（朝日）

— 三代目寿賀山　鳥居本
- 寿賀若（中村駒次郎）八日市（八百駒）

— 二代目虎丸（西川泰三）彦根（下石寺）— 三代目虎丸（田口武蔵）愛荘町（愛知川）— 四代目虎丸（西川初次郎）彦根（下石寺）— 五代目虎丸（西川松太郎）彦根（下石寺）— 六代目虎丸（藤野喜史郎）豊郷町（吉田）

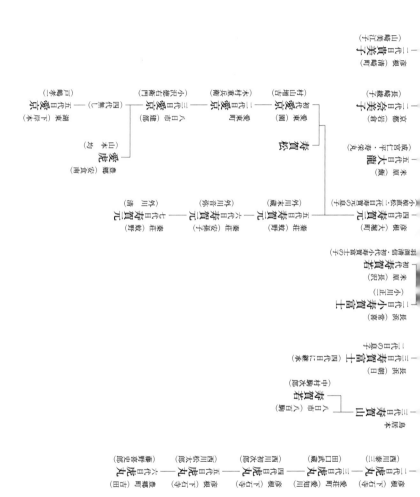

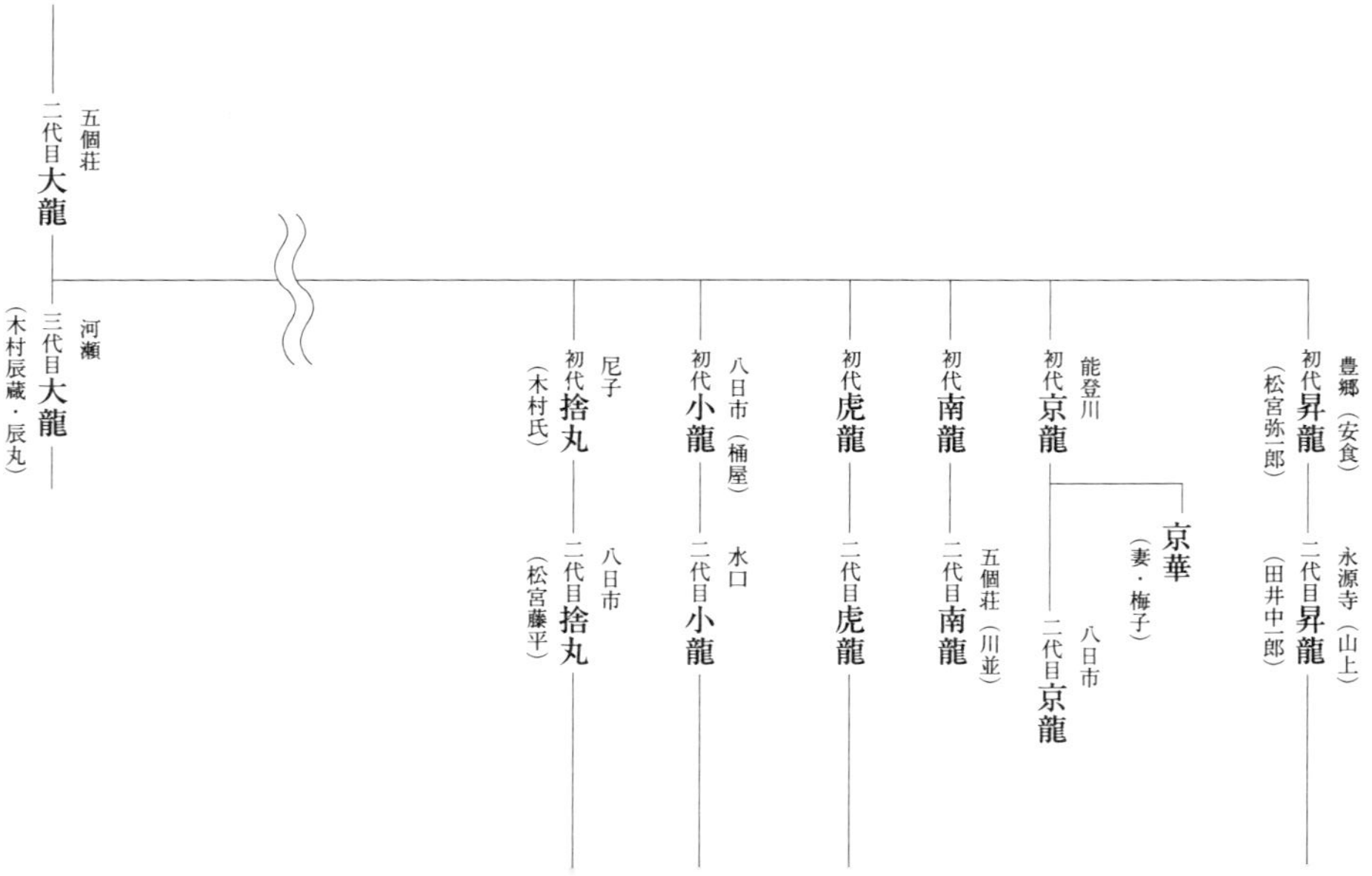

五個荘 二代目大龍
河瀬 三代目大龍（木村辰蔵・辰丸）
尼子 初代捨丸（木村氏）
八日市 二代目捨丸（松宮藤平）
八日市 初代小龍（桶屋）
水口 二代目小龍
初代虎龍
二代目虎龍
初代南龍
五個荘 二代目南龍（川並）
能登川 初代京龍
京華（妻・梅子）
八日市 二代目京龍
豊郷 初代昇龍（安食）（松宮弥一郎）
永源寺 二代目昇龍（山上）（田井中一郎）

―三代目捨丸（妙法寺）（谷　喜三）――四代目捨丸（甲津畑）（谷　喜一）――五代目捨丸（尼子）（寺元　實）――六代目捨丸（豊郷町（吉田））（清水重留）

―三代目小龍（川合寺）――四代目小龍（大津）――五代目小龍（矢島）

―三代目虎龍――四代目虎龍（下之郷）（松宮吉蔵）――五代目虎龍（大津）（中村隆夫）

―初代昇山（近江八幡（鷹飼））（岡田富士夫）

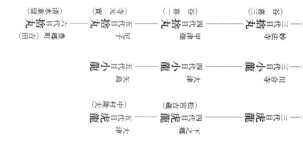

（奥村久左衛門）
初代真鎰家好文　八日市
天保十年生　大正十一年　八十一才没

二代目好文　八日市
鎮の浦文治
鎮の浦孤舟（鎮の浦文治の弟）
国丸　西江州（堅田）（後の志賀廼家淡海）

好延（奥村万五郎・初代好文の息子）

三代目好延　八日市（今村泰助）
初代梅勇　近江八幡
初代小梅勇
初代桔梗家雲月　八日市
初代文好　八日市（井上文子・初代好文の孫）
左喜丸（破門）

三代目真鎰家文好には四代目の他に数十名の門下生がおり、この後も真鎰家の継承が期待できる。

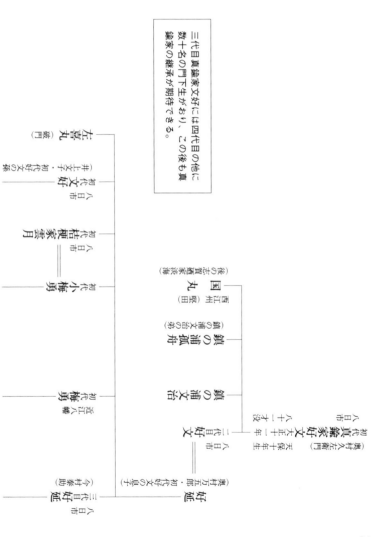

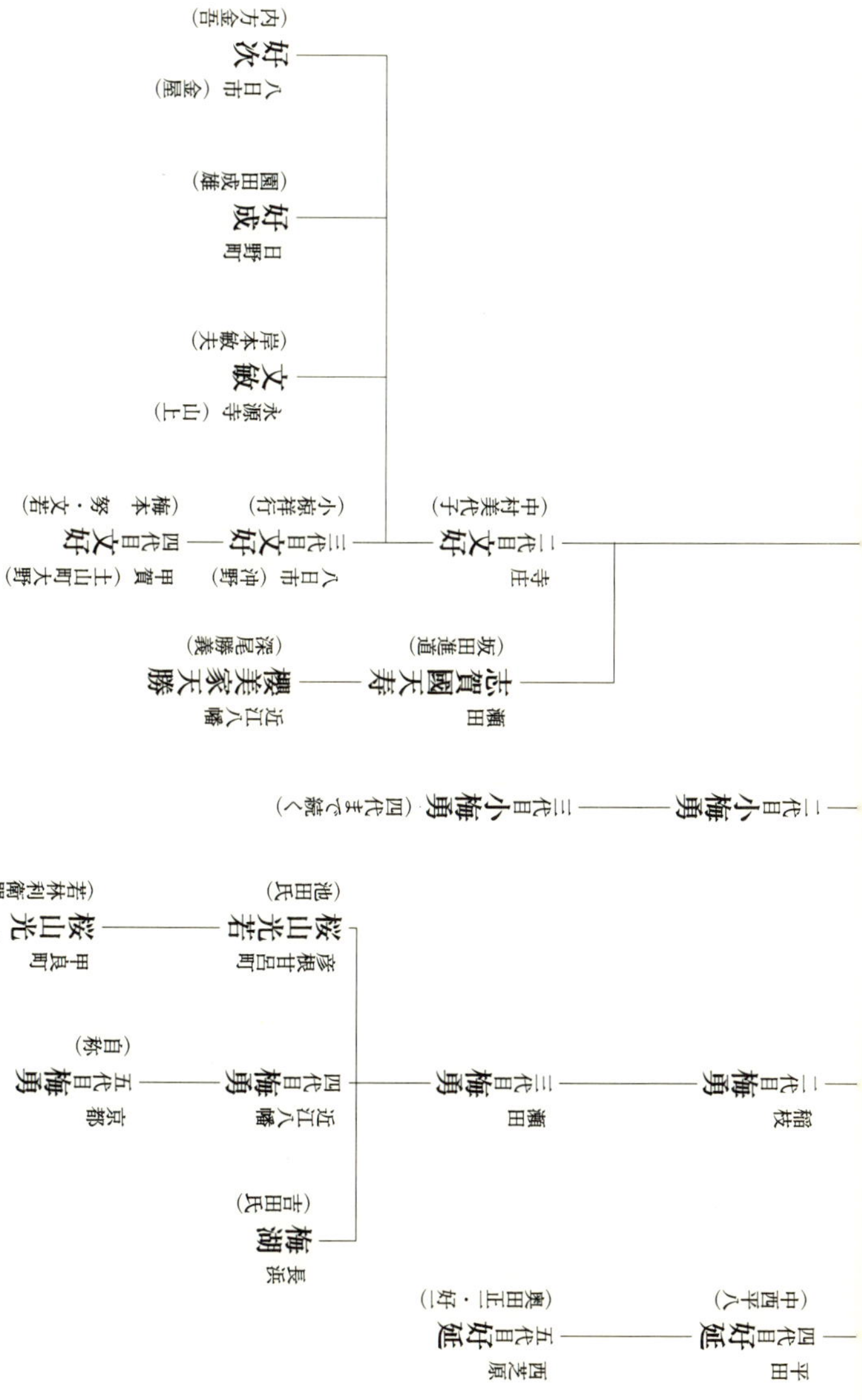
好次 八日市（金屋） （内方金吾）
好成 日野町 （園田成雄）
文敏 永源寺（山上） （岸本敏夫）
二代目文好 寺庄 （中村美代子）
三代目文好 八日市（沖野） （小椋祥行）
四代目文好 甲賀（土山町大野） （梅本努・文若）
志賀國天寿 瀬田 （坂田進道）
櫻美家天勝 近江八幡 （深尾勝義）
二代目小梅勇
三代目小梅勇 （四代まで続く）
二代目梅勇 稲枝
三代目梅勇 瀬田
四代目梅勇 近江八幡
五代目梅勇 京都 （自称）
桜山光若 彦根甘呂町 （池田氏）
桜山光一 甲良町 （若林利衛門）
梅湖 長浜 （吉田氏）
四代目好延 平田 （中西平八）
五代目好延 西芝原 （奥田正二・好二）

タートし、奥村久左衛門の協力が加わり、徐々に江州音頭として定着していくうちに、まずは八日市周辺の蒲生・神崎二郡の村々にも盆踊りとして広まり、江州音頭の弟子や愛好者も増えてゆきました。

やがて湖北、湖南地域にも夏の風物詩として拡大し、滋賀県全域の郷土芸能に成長しつつある中、明治も三十年代、世紀も二十世紀に入る頃、突如、江州音頭のブームが起こりました。

たまたま大阪千日前の高座に江州音頭がかけられ、爆発的な人気を呼び起こしたのです。その当時、大阪朝日新聞に書かれた明治三十四年七月の「千日前探訪記」によりますと、「音頭取の真打を鶴賀鶴年といひ、田舎廻りの新内語りなり。外に若年、梅年（以上三人とも女）、櫻川歌松（男）以下数名ありて交《かわ》るがわる登場し、鶴年牛耳を握るより、座名を鶴賀一座といへり。鶴年、若年の二人は盲目にて、次の梅年は片目ゆゑ、三人前にて目が一つなるも可笑し。鶴年、若年は江州膳所の者にて、毎年農家の作間を見て、近畿諸国の在所在所を二、三日宛《づつ》興行して廻るうち、東成郡殿村（天王寺の先）にて昨年五月中、江州八日市音頭の仮色《こわいろ》を使ひ、村の娘子《むすめこ》を集めて踊らせたるが人気に適ひ、頻りに評判してゐたのを井筒席の取締石田栄助が小耳に挟み、早速一座を組織して、昨年六月二十三日より井筒にかけた所、不思議に大入を占め、遂に同年九月三十日まで打通したれば、追々他席にも類似店が出来、今年も亦五月十七日より開場するに及びたり」

「踊子は都《すべ》て八名なり。何れも十五歳以上十八歳までの娘盛りにて（お麁末ながら）、其名はくら、うた、つる、みさ、すみ、ひで、くに、よね」

「語り物は五右衛門釜入、鈴木主水、阿波の鳴門、先代萩御殿、石童丸、鈴ヶ森の権八などを得意とし、其他修羅物もあまたあり、其変り目毎に謎解き、名古屋萬歳などを交え、手に手を代えて客の歓心を買はんと勤むるものの如し。音頭取りはいつも二人宛《づつ》登場して、一人が歌えば、他の者は法螺祭文の如く錫杖を振り、貝を吹き、其の文句の切れ目毎にはソリャ、ヨイト、ヨヤマカ、ドッコイサノセといふ踊り子の囃子を入れて拍子を取り、何《どん》な凄じい修羅場でも、又滋《しめ》っぽい愁嘆場でも、ヨイト、ヨヤマカ一点張りで踊りのめすとは、随分変った代物といふべし。時の流行物といふは可笑しきものにて、此の音頭、千日通の口の端に上ると共に、いつしか遊里の者までも言い伝へ聞伝へ、此の仮声《こわいろ》を使ふ芸者も鮮《すく》なからずとかや」と記されています。

因みにこの時、江州音頭をかけていたのはこの井筒二番席だけではなく「山田第三席の見世物小屋で、桜川大蔵一座の江州音頭を興行してゐるが、此処は観物小屋の鑑札で踊りは出来ないものだから、只音頭許りを遣ってをるのだ。流行の勢力は強いもので、是も大入だ」とあります。そのほかにも金沢座の北隣の小宝座でも打っていて、「此処も亦玉子屋為丸（男）一座の江州音頭であった。八重春（女）石丸（男）も相応に人気を取っているそうだ」との記述があります。この玉子屋為丸は河内音頭の音頭取りでもあり、彼こそ昭和の初期、漫才界の先駆者といわれた後の玉子屋円辰だったのです。さらにこの江州音頭ブームの中から、上方漫才界の最長老砂川捨丸が出ました。

すなわち捨丸の実兄砂川千丸は、江州音頭の音頭取りを職業とし、当時、千日前の小屋で音頭を取っていましたが、彼と共に出演したのが、当時十一歳の捨丸の出発点でした。このように上方漫才の起源も江州音頭にあり、当時、音頭や浪曲の幕間の余興として行われた漫才の漫才師は、元を質せば河内音頭や江州音頭の音頭取りでもあったのです。

河内音頭

ここで江州音頭と影響し合った河内音頭に触れておきますが、河内音頭は河内国(大阪府)一円で盆踊りとして行われる踊口説で、北河内、中河内、南河内ではそれぞれ異なった曲節で唄われます。

まず北河内ですが、一八六七(慶応三)年に大和田村に住む「歌亀」という男が義太夫節(浄瑠璃)の歌詞に独自の節付けをして唄い始めたのが最初と云われます。

次に南河内では一八九三（明治二十六）年に富田林の人力車夫「岩井梅吉」が、旧来の河内音頭に江州音頭の節を加味し、江州音頭が用いる法螺貝や金杖を使わずに大太鼓を使って幾種類もの歌い方を工夫しつつ、たまたま赤坂村で起こった殺傷事件を取り上げ「河内十人斬」と題して道頓堀の中座で歌ったところ、これが大当たりして、以後は岩井梅吉の音頭が河内音頭の代表であるかのように有名になりました。

なお河内音頭の曲節・歌詞、踊りの振り、太鼓の打ち方などは一律ではなく、同一郡内でも在所により小差・大差があります。太鼓は大太鼓一基を用いるのが普通で、小太鼓なら二個ほどを上から釣り下げて叩くのですが、叩き方にも曲打ちの型が数種あるのです。

それから、南北両河内の音頭に対して中河内では、八尾を中心に行われる地蔵盆の踊音頭で、古刹「常光寺」境内で毎年大規模に行われる古色豊かなものです。節回しも、南北両河内が口説であるのに対し、「流し」と呼ばれる独特の歌い方が特徴です。

こうして大正・昭和と時代は移り昭和三十年代に初音屋太三郎が交野節を改良、浪曲調を加味した河内音頭を唄った浪曲音頭あるいは音頭浪曲なるものが流行しました。そして鉄砲光三郎が道頓堀角座に登場して「鉄砲節」を歌い、続いて若葉トリオの若葉みゆきが女流の浪曲調河内音頭をステージにかけ人気を博しました。一方、江州音頭では近江源五郎が「源五郎節」を歌い出し、これら新興音頭については双方の人気は拮抗していたようです。

著者が琵琶湖まつりに参加した写真

琵琶湖まつりの浴衣で県職員も踊りに参加

第四章

近江商人による江州音頭の発展

1　江州音頭は商い音頭

大阪の寄席や芝居小屋などの芸能舞台で、江州音頭が演じられるようになってからは、単に滋賀県内だけの民謡にとどまらず、京阪神を取り込む広域版の江州音頭に成長してゆきました。このことは、単なる江州音頭人気の高揚によるものだけではなく、滋賀県外で活躍している「近江商人」やその関係者、および県外で働く人たちの支援とＰＲによるところが大であったと考えられます。

ですから江州音頭は一方で「商い音頭」とも云われており、これについては踊りの振り付けや音頭の歌詞にも表れています。まず、その踊り方が、商売の所作の表現になっています。

①たもとを払い

②こんなものは如何ですか（品物を見せる動作）

③では売りましょう（品物を渡す動作）
④こんな品物は如何ですか（左のひとへ）
⑤こんな品物は如何ですか（右の人へ）
⑥売買が成立して手を開く
⑦〆を打つ動作

次に「さてはこの場の皆様へ」で始まり、「ソリャーヨイトヨイヤマッカ、ドッコイサーノセー」で受ける、出だしの歌詞の意味についてですが、宵（夜）から、よいや真っ赤（朝になるまで）どっこいさのせーと、夜を通して徹夜で働いたという意味での（近江商人の）商人根性と勤勉な姿を、踊り手の掛け声にしているあたりが、商い音頭といわれる由縁なのです。

2　県外へ広めたのは近江商人

衆知のとおり、江州音頭発祥の地である八日市は「市場の町」でもあります。中世の頃から小脇の「八日市場」で世に知られ、「山越え商人」や織田信長の「楽市楽座商人」としても活躍し、江戸期になると八日市周辺の村々から「近江商人」が続出し、全国に商売の手を広げました。やがて、こうした背景がある江州八日市に西澤寅吉の「江州音頭」が生まれ、一躍有名になってゆきました。

ところで、近江商人と云えば、五個荘、近江八幡、日野などが全国的に知られています。とりわけその中でも、五個荘は二代目櫻川大龍の出身地であるため、住民の多くが幼少期から江州音頭に馴染んでおり、外に広める担い手になったようです。

京都滋賀県人会などが開催の「江州音頭フェスティバル京都大会」
（平成28年8月　於　みやこめっせ：滋賀県江州音頭普及会事務局提供）

因みに大正から昭和前期にかけてわが国は繊維産業が隆盛で、大阪の本町、京都の室町それに東京の日本橋と、近江出身の商店が軒を並べ、丁稚と称する従業員の多くが、ふるさと滋賀から採用されていました。日野、近江八幡には名物の「丁稚ようかん」という和菓子が売り出されたほどです。

先にも書きましたが明治三十年半ば、大阪の道頓堀や千日前では多くの芝居小屋が立ち、江州音頭の興行が打たれました。しかし、興行の開催には相当の費用が嵩み維持するのが大変で、開催費の一部が近江商人の寄付や肩入れで補充されていたというのが現実でした。また、丁稚たちの休日の楽しみは、街の盛り場へ行き郷里の知り合いに出会うことと、郷土芸能の江州音頭を楽しむことでした。店の主人も「座敷音頭」を聴きにゆくといえば許しが出たようです。

3　校歌を江州音頭調で唄う八幡商業高校

ところで、近江商人といえば忘れてならないのが「八幡商業高等学校」です。この学校は一八八六（明治十九）年に全国初の県立高校として大津に開校し、明治三十四年に近江八幡に移転し、明治四十一年から八幡商業高等学校（通称、八商）となった歴史と伝統のある高校であり、商い音頭とも云われる江州音頭と同じ時期に成長してきた感があります。

滋賀県中部の近江商人の町で発展したこの学校は、開校以来一世紀余（一三〇年）にわたり多数の商人や企業マンをわが国の産業・経済界に送り出してきました。八商の卒業生ではない筆者さえも知っている有名人を挙げますと、滋賀県初の総理大臣となった宇野宗佑氏、豊郷出身の伊藤忠の二代目伊藤忠兵衛氏、戦後全国の女性を下着ファッションで圧倒したワコールの塚本幸一氏など、数え上げれば切りがないのですが、多くの卒業生の中には大都市（京都、大阪、東京）における滋賀県人会のリーダーとなり、県ゆかりの人びとから寄付を募ったり、自らも多額の出資をして夏祭り行事の「江州音頭フェスティバル」を運営・実行されている方もおられます。

特に大阪の滋賀県人会には八商の卒業生が多くいて、現地での同窓会や集まりがあるとその締めくくりには江州音頭リズムで校歌が唄われたりするそうです。それというのも、この学校には江州音頭仕立ての校歌が作られており、文化祭や創立記念日などにも合唱されているようです。歌の作者は江州音頭を愛好する先生たちですが、昭和三十六年度に八商を卒業した櫻美家天勝さんこと深尾勝義氏などは、平成二十九年現在も活躍中の現役の音頭師（音頭取り）さんであり、湖国滋賀の大切な郷土芸能を絶やさないようにと「江州音頭教室」を開いて子供たちの指導に当たるほか、新しい歌詞を作り続けて江州音頭の保存・普及にも努めておられます。

このように見てくると、明治末・大正期以降の県外における江州音頭の発展と広がりは、八商を軸とする近江商人系統の人たちの郷土愛に負うところが非常に大であったと云えるのです。

第五章

二十世紀から現代までの江州音頭

1　全盛期の江州音頭

一九〇一（明治三十四）年、二十世紀に突入するのですが、先にも見たようにその頃、江州音頭が大阪の寄席や芝居小屋でも演じられて人気を博するようになり、じわじわと県内外の江州音頭ファンが増えてゆきました。

その後、大正、昭和となり、一九四五年の太平洋戦争敗戦を経て、戦後復興、高度経済成長へと続くのですが、その成長（バブル経済）がピークに達する頃まで、庶民にとって江州音頭は夏の夜の最大の娯楽となっていました。少なくとも、著者が生きた戦後の三十数年は盆の季節になると江州音頭の歌と囃子の音が、当然のように耳に届いてきました。

因みに、仏教徒の多いわが国では八月になると盆の里帰りといって、都会に出ている人たちが家族を引き連れ、先祖の墓参りに故郷へ帰ってきます。都会までの遠くには出ていない核家族の人たちでも、親元と云う古巣でお盆を過ごすのが当たり前になっています。そして里帰りの当日、墓参を済ませ夕食も終わると、ふるさとの社寺や集会所広場などで行われる「盆踊り」に揃って出かけるのです。会場には、映画「フーテンの寅さん」に出てくるテキ屋の夜店が並び、射的や金魚すくいがあり、かき氷や綿菓子を食べ歩き、紙風船や水鉄砲などのオモチャ売り場を楽しむことが出来るのです。正にこの風景こそが昭和時代における夏の夜の風物詩なのでありました。

因みに、私の田舎は旧永源寺町の高木という在所でしたが、毎年八月九日が墓参日と決められていました。なお、この墓参日というのが周辺の在所毎に連日続いており、この時期の一週間ほどは連夜毎晩のように江州音頭の歌と囃子が聞こえてきました。ですから、踊りの好きな人たちなら、連日連夜どこかで江州音頭を楽しむことが出来たのです。そして、この時代の音頭取りさんは、連日どこかの会場で「お仕事」として音頭を取っていたのです。

では同じ頃、江州音頭の本拠地である八日市はどんな状況だったのでしょうか。筆者は幼少期から青年期までは旧八日市市東本町で育ち、二十五歳から三十六歳までは親と同居の永源寺町高木に住みましたので、八日市と高木、両方の盆踊りを見てきており、八日市での盆踊りは八月二十一日に金屋の「金念寺」で行われたのを知っています。その日は、「津島いさめ」とか「津島盆」と云われ、牛頭天王という疫病除けの神様を祀る日で、尾張国にある津島神社の小祠（町や村の入り口にある）を祀るため、その奉納踊りとして毎年、金念寺で江州音頭が行われました。

昭和三十年代の頃は、いまだ繊維産業が衰えておらず盆踊りもにぎやかで最も盛大に行われていました。ですから、盆踊り実行の寄付もよく集まり、金屋地区では滋賀織布という織物会社が最大のスポンサーとなり、経費の大半を負担していたようです。そして、踊り手もその会社の女工さんが多く、踊り会場が周辺の若者たちとの最適の出会いの場になり、金屋地区の青年と九州から来ている女工さんとのカップルも成立していたとのことです。

時が流れ、昭和四十年代になると江州音頭が旧八日市市の観光ならびに夏まつりのイベントとなり、金屋大通りを通行止めにした「聖徳まつり」という市民総踊りの行事に変身しました。これには、個人だけでなく、会社・企業・諸団体が集団で参加し、揃いの浴衣を着て衣装をこらして踊り回る様子は、見世物としても十分効果がありました。

その後、このスタイルが他の自治体や企業・団体に広がり、江州音頭が夏のイベント、夏まつりとして全県的に拡大しました。私の記憶では、「近江鉄道バス会社」、「日野ゴルフ倶楽部」、学校や自治会の「運動会」、自治会単位の「夏まつり」などで盛んに行われていました。中でも特に印象深いのは、「琵琶湖まつり」です。この当時、県下には五十の自治体があり、夏になると各市町村から、琵琶湖の恵みに感謝する「感謝使節」という娘さんが二名ずつ選ばれ、まつり行事の一環である「江州音頭フェスティバル」に参加してもらうことになっていました。これは県の観光事業施策でもあり、三年間その担当者でもあった私には、「琵琶湖まつり」は忘れられない記念碑であり、若き日のなつかしい記録です。

以上、これまでの物語は野外での江州音頭（屋台音頭）のことですが、このほかに「座敷音頭」というのがあります。この音頭は、自ら踊って楽しむ音頭に対し、歌詞の内容を聞いて楽しむ音頭ということになり、これについても私の経験を書いておきます。

ところで、座敷音頭によく似た芸能に浪曲（浪花節）というのがありますが、江戸時代には「浮かれ節」と呼ばれ、明治末期には大阪の寄席舞台で、江州音頭と共に大へん人気がありました。しかし、浪曲の全盛期は大正から昭和十年頃までと云われ、その後は江州音頭が追い抜いていたということです。

筆者の母方の里、先に記した旧永源寺町高木では、八月九日の夜に屋台音頭が行われ、その翌日には、集会所の和室で座敷音頭が行われました。少年期の私は、いつも祖母に連れられて行ったのですが、内容は部分的にしか分からず、それでも何かしら耳心地の良い響きがあったことを覚えています。音頭の中身は、日頃のラジオから流れている浪曲の演目で、国定忠治や清水次郎長などの「侠客物」、あるいは曽我兄弟や忠臣蔵などの「仇討物」だったと思うのですが、大人たちは納得した面持ちで、深くうなずきながら聴き入っている様子でした。

延命公園の「江州音頭発祥の地」建碑

しかし、こうした江州音頭の人気は高度経済成長がピークに達しきった昭和五十年代以降には、映画・テレビなどの影響と、カラオケ、ジャズダンス（カーニバル）、よさこい等の新パフォーマンスなど、次々と出てくる新しい娯楽や芸能に押され、まったく下火となりました。県下各地であれほど盛んであった在所・在郷の盆踊りも、平成に入ってからはどんどんなくなってゆき、平成二十八年夏現在、江州音頭の本家本元と目される金屋地区の金念寺はとっくに止めており、筆者の知る限りでは、発祥地の顕彰碑が建つ八日市浜野地区と真鍮家の音頭師（小椋祥行）さんがいる沖野地区、それに最上踊りの玉緒地区だけが細々ながら盆踊りを続けています。

2　豊郷発信の江州音頭（扇・絵日傘踊り）

さて、前にも少し触れましたが、江州音頭の踊りについては「豊郷」が発祥地になります。ここは現在の滋賀県犬上郡豊郷町のことですが、明治期には豊郷村と日枝《ひえ》村の二ヶ村に分かれていて、両村とも江戸時代には、井伊家が治めていた彦根藩の領地でした。町の中心を中山道が走り、昔の日枝村に属する大字下枝に「千樹寺」という禅宗永源寺派の寺院があります。この寺は八世紀の奈良時代に有名な「行基」が創建したとされ、江州四十九の僧院の一つと云われています。平安期には比叡山延暦寺に属し、日吉山王社を祀ったことで、当時は日吉山千樹寺と称し、この地は「日枝の荘・千枝の里」と呼ばれていました。

時は流れて中世末期の戦国時代、千樹寺は織田信長の天下統一の上洛に際し、信長に対抗した観音寺城主佐々木六角及び比叡山との争いに巻き込まれ、一五六八（永禄十二）年九月七日の戦闘で焼き討ちに遭いました。しかし、寺の本尊である観音菩薩は村の百姓忠三郎によって難を免れ、密かに護られました。

そして十八年後の一五八六（天正十四）年、菩薩が無事であることを知った藤野太郎右衛門常實という日枝村の郷士が、浄財を投じて千樹寺を再建しました。その落慶法要遷仏式の当日、住職の根誉上人が境内に多数の人形を並べ、集まった参詣の村人たちと手踊りしながら（一説には、手踊りを始めたのは忠三郎の叔母、禅庵比丘尼とも）、般若心経の経文二、三句に節付けして唄うように面白おかしく繰り返し、円陣をつくらせて手振り、足踏みして踊ると、村人が我れも我れもと参加し、夜更けまで踊り明かしたといいます。以来、毎年七月十七日（旧暦）にこの行事（盆供養）が「枝村音頭」「観音盆踊り」として続けられ、現在の江州音頭の萌芽となるのです。

その後、江戸時代の一七八四（天明四）年、村の北端より火災が発生し、千樹寺も類焼の憂き目に遭ってしまいます。このため一七九四（寛政六）年には彦根藩の許しを得て寺地を村の北側に移し、一時しのぎをしますが、江戸末期の一八四六（弘化三）年に藤野四郎兵衛良久（近江商人として北海道漁業で巨万の富を築いた「又十」こと藤野喜兵衛の二代目）が父の遺志を継ぎ、元の寺地に千樹寺を再建します。

このとき、本堂のほか禅堂、庫裡、地蔵堂を建立、八月十七日に遷仏法要を行うこととなり、古例の作り人形と枝村踊りを催すことになりました。そこで、この時の踊りを豪華にするため、四郎兵衛は八日市の祭文語りの名手寅吉（通称「歌寅」）を私邸に招き、経文や祭文を取り入れた大衆向きの音頭を作らせ、それに節付けをして唄わせました。さらには踊りにも工夫を凝らさせ、扇や絵日傘を持たせて踊らせたので、民衆は興に乗り、人気が高まりました。ですからこの時に豊郷における江州音頭の原型である「扇踊り」と「絵日傘踊り」が誕生したと云えます。なお一八五〇（嘉永三）年、千樹寺には永源寺より江庵宗深和尚を迎え、以来永源寺派となりました。

時は流れ、明治も中頃になると、寅吉の大成した祭文音頭は近隣の村々に広がり、各地の盆踊りに採用されて有名になってゆきます。しかし、寅吉が亡くなった翌年の明治二十四年に風俗取締りを理由とする明治政府の方針で、盆踊り禁止令が県知事から出され、音頭取りが生活のため県外へ流出するようになり、寄席や見世物小屋などの興行と結びつくことになります。第三章でも述べたように、明治三十年代に大阪の千日前で大ヒットした寅吉の祭文音頭はその後、江州音頭として近畿一円に広がり、それと共に豊郷の枝村音頭も江州音頭と呼ばれるようになりました。

千樹寺の観音堂

大正四年、滋賀県ではようやく盆踊り禁止令が解かれ、盆踊りが再開されると、江州音頭は新たな大衆芸能として盛んになり、近畿周辺における盆踊りの定番となってゆきました。こうして一九二九（昭和四）年、下枝の千樹寺前には「江州音頭発祥地碑」が建てられ、昭和九年には千樹寺内に「郷土藝術保存会」が設立され、それまで地域の娯楽に過ぎなかった江州音頭が、伝統ある郷土芸能として、より一層成長、発展してゆくのです。

一九五六（昭和三十二）年、日枝村は豊郷村と合併して豊郷村となりました。八日市では翌年に新江州音頭が生まれ、昭和三、四十年代はまさに江州音頭のブームでもありました。因みに豊郷には二つの踊りがあり、下枝は「扇・絵日傘踊り」で、他の字では「手踊り」でした。そこで青年団の男女が数十名集まり、扇・絵日傘踊りを残していこうと一九六五（昭和四十）年に「豊郷村郷土芸能保存会」が結成され、練習に励みました。町では（昭和四十六年から豊郷町）「江州音頭のさと・とよさと」としてアピールしていたこともあり、各地からの出演依頼を受け、昭和四十

昭和40～50年頃の観音盆の櫓台

三年のびわこ大博覧会や昭和五十六年のびわこ国体開会式などで公演しました。

ところが昭和も末期になると、町全域の青年団は解散し、各字ごとに活動していた踊りの保存会も手薄になり、豊郷町では一九八四（昭和五十九）年に滋賀県江州音頭普及会が発足したことを契機に、各字の踊り手と音頭取りが結集して「豊郷町江州音頭振興協議会」が結成されました。その結果、中心地の下枝区においては、町民や遠方からの来訪者による、伝統ある観音盆踊りへの期待がますます高まるなか、三、四十戸に過ぎない下枝区住民の負担がピークに達し、とうとう二〇〇〇（平成十二）年に観音盆踊りを中断することになりました。

また、こうした江州音頭実施の担い手不足は、下枝区だけでなく豊郷町全体の課題となり、町は協議会と連携して小学校三、四年生に総合学習の一環として「扇踊り」を教え、学校行事で披露することになりました。そして二〇〇五（平成十七）年には、それまで団体加入しかできなかった協議会を解消して、個人加入ができる「豊郷町江州音頭保存会」を新たに発足させ、二〇〇八（平成二十）年からは、盆踊りを開催する字に対し、町から助成金が支給されるようになり、江州音頭の振興が図られました。

こうして二〇一四（平成二十六）年には、一時中断していた千樹寺での観音盆踊りが町と実行委員会の共催のもとに復活し、現在に至っています。

3　江州音頭を残すために

前に記したとおり平成二十八年現在、旧の八日市地域では夏まつりの江州音頭を行っているのは「江州音頭発祥の地」の顕彰碑が建つ延命公園のある浜野地区だけになりました。この碑は昭和四十四年七月十五日に建立され、当時、このことを喜んだ浜野地区の住人で、江州音頭の熱心な愛好者であった深尾寅之助氏が、顕彰碑の完成を記念して著書『江州音頭』を書かれました。

深尾氏は単に江州音頭が好きというのではなく、ご自身も良い喉で音頭が唄える人でもありました。私の父、丁野正隆とも親交があって、父は手慰みに江州音頭の作詞を楽しみ、バス旅行の宴会などで音頭の名手に歌ってもらって喜んでいました。

さらに深尾氏は、江州音頭が先々末永く保存され普及・発展するようにとの願いから、昭和四十六年に結成された「江州音頭保存会」の初代の会長として鋭意励まれ、当時の八日市市が江州音頭を市民総踊りの「聖徳まつり」に仕立て上げることにも大いに尽力されたと聞いております。

しかし、先ごろ筆者が仄聞する処によると、この聖徳まつりが第五十回を区切りに取り止めになるとのことであり、保存会の人たちをはじめ江州音頭を愛好する多くの市民が非常に心を痛めています。これにひきかえ江州音頭と同じルーツをもつ大阪の「河内音頭」は今も全国版で栄えております。江州音頭とどこがどう違うのでしょうか。

私はこの本を著すにあたり、滋賀県内の各地で活躍している多くの音頭師さん達に話を聞きましたが、幸いにも県内はもちろんのこと県外にも多くの音頭師さんがおられ、歌の部分はしっかり継承されています。問題は踊りのほうで、何とか踊り手が増えるように手段を講ずる必要があります。つまり、一般の人びとに踊りを注目してもらうには、今や観光ショー化している阿波踊りや郡上踊りのように大衆を引き付けるインパクトを強化するしかありません。

それには伝統芸能を守ろうとする地元住民の熱意と自治体のテコ入れが重要ですが、とりわけ大切なことは踊りそのものを魅力あるものに工夫することです。昔、出雲の阿国が始めた阿国歌舞伎が踊り手の色気と華やかさで民衆を魅了したように、江州音頭を舞台ショー、あるいは観光イベントとしても人びとに喜ばれるような振り付けをしたり、衣装にも工夫を加えることが望まれます。そうしないと、日本舞踊のような家元制度や流派で守られていない江州音頭の踊りは、現状のままでは継承者を増やすことは大変困難だと思われます。

土佐の高知の「よさこい祭り」のように、子供を含む若者、特に若い女性が「私も踊ってみよう」と思うようになれば、踊り手の数は増えてゆくはずです。

さて、話は八日市のことに戻りますが、八日市金屋に住む江州音頭の識者は「滋賀県には江州音頭の研究者が少なく、資料館もない。一方、河内音頭の本場である八尾市には『河内音頭記念館』もあり、音頭の歴史や情報がよく分かるようになっている」と云われています。

先にも記したように、河内音頭は江州音頭を加味して発展した歴史があるのに、弟分が栄えて兄貴分である江州音頭が衰退してゆくのは何とも悲しく淋しい限りです。

確かに今の時代、浪曲に似た江州音頭など「いわゆるドロ臭い芸能」と思う人もあり、「衰退は時代の趨勢」と云ってしまえばそれまでですが、少なくとも発祥地の八日市には、誇るべき歴史・伝統の痕跡は残しておくべきではないでしょうか。

私は以前、深尾寅之助氏の長男、俊幸君と同じく市議会議員として働いていましたが、当時彼は父親の跡を継いで江州音頭保存会の会長でもありました。そして、議員であった私も市の観光振興のためにも江州音頭の普及が必要と考え、大凧会館のような「江州音頭記念館」を設けるか、または観光ポイントにまちのシンボルとして、「常設の音頭櫓」を作るべきだと二人で話し合っていました。

江州音頭保存会

この会は、昭和四十五年に市民挙げての江州音頭の総踊り「聖徳まつり」がスタートした翌年に、未来における江州音頭の保存・振興を期して結成されました。平成二十八年現在の会員数は四十一名で、細々と伝統が守られていますが、ここにその会則を掲げておきます。

江州音頭保存会会則

（名称および事務所）

第一条　本会は、江州音頭保存会と称する。

第二条　本会の事務所は、八日市商工会議所内に置く。

（目的および事業）

第三条　本会は地域社会・観光事業発展に寄与することを目的とする。

第四条　本会は、前条の目的を達成するために次の事業を行う。

一、江州音頭の保存に関すること。

一、江州音頭ならびに、おどりの普及振興に関すること。

一、会員相互の親睦を計ること。

一、その他本会の目的達成に必要と認めた事業。

（会　員）

第五条　会員は本会の目的事業に賛同するものをもって組織する。

一、普通会員
一、賛助会員

（役　員）

第六条　本会に、次の役員を置く。
会長　一名　副会長　若干名
会計　一名　理事　若干名
監事　二名

第七条　会長は、会務を統轄し本会を代表する。
2、副会長は会長を補佐し、会長に事故あるときはその職務を代理する。
3、会計は会の経理を掌る。
4、理事は会務を分掌する。
5、監事は、会計事務を監査する。

第八条　本会に顧問、相談役および参与を置くことが出来る。

2、顧問、相談役および参与は会長が委嘱し、会長の諮問に応ずる。
第九条　役員の任期は二ヶ年とする。ただし再任を妨げない。
（会　議）
第十条　本会の会議は、総会、臨時総会および役員会とする。
2、会議は必要に応じ会長がこれを招集する。
（会　計）
第十一条　本会の経理は会費、寄付金および補助金をもってこれに充てる。
2、会費、賛助会費は年間一口、一、〇〇〇円とする。
第十二条　本会の会計年度は、毎年四月一日に始まり、翌年三月三十一日をもって終わる。
附　則　この会則は昭和四十六年四月六日より施行する。
なお、この保存会発足以前の昭和三十二年には、八日市商工会議所の支援で

愛読者カード

ご購読ありがとうございました。今後の出版企画の参考にさせていただきますので、ぜひご意見をお聞かせください。なお、お答えいただきましたデータは出版企画の資料以外には使用いたしません。

●書名

●お買い求めの書店名（所在地）

●本書をお求めになった動機に○印をお付けください。

1．書店でみて　2．広告をみて（新聞・雑誌名　　　　　　　　　）
3．書評をみて（新聞・雑誌名　　　　　　　　　　　　　　　　　）
4．新刊案内をみて　5．当社ホームページをみて
6．その他（　　　　　　　　　　　　　　　　　　　　　　　　　）

●本書についてのご意見・ご感想

購入申込書　小社へ直接ご注文の際ご利用ください。お買上 2,000 円以上は送料無料です。

書名　　　　　　　　　　　　　　（　　　冊）

書名　　　　　　　　　　　　　　（　　　冊）

書名　　　　　　　　　　　　　　（　　　冊）

郵　便　は　が　き

お手数ながら切手をお貼り下さい

５２２-０００４

滋賀県彦根市鳥居本町655-1

サンライズ出版 行

〒

■ご住所

■お名前《ふりがな》　　■年齢　　歳　男・女

■お電話　　■ご職業

■自費出版資料を　　希望する ・ 希望しない

■図書目録の送付を　　希望する ・ 希望しない

サンライズ出版では、お客様のご了解を得た上で、ご記入いただいた個人情報を、今後の出版企画の参考にさせていただくとともに、愛読者名簿に登録させていただいております。名簿は、当社の刊行物、企画、催しなどのご案内のために利用し、その他の目的では一切利用いたしません（上記業務の一部を外部に委託する場合があります）。

【個人情報の取り扱いおよび開示等に関するお問い合わせ先】
　サンライズ出版 編集部　TEL.0749-22-0627

■愛読者名簿に登録してよろしいですか。　□はい　□いいえ

ご記入がないものは「いいえ」として扱わせていただきます。

イベントに出演する江州音頭保存会の皆さん

「江州音頭振興会」なるものが作られ、一般への懸賞募集が行われて「新江州音頭名所旧跡音頭」が生まれました。このとき、江州音頭の新しい歌詞とともに新しい踊り方も工夫され、さらには音頭の囃子についても、三味線・太鼓に鉦を入れた新しい趣向が取り入れられました。そして、これらの新しい歌詞・振り付けや囃子が当時の若い世代に馴染んでもらえるよう、婦人会や青年会による江州音頭の講習会・教室なども開かれました。

滋賀県江州音頭普及会

次に、筆者が「琵琶湖まつり」などの県観光事業に従事していた昭和五十年代のことですが、近江滋賀県から全国主要都市へ移住または働きに出られた人たちの集まりである「滋賀県人会」から江州音頭の多様な歌い方（節廻し）の標準化の要請がありました。そこで、滋賀県観光連盟の肝入りで八日市市・金屋地区にある滋賀銀行八日市支店の会議室に県内の主だった音頭取りさんが集まり、県外PR用の「標準江州音頭」のカセットテープ収録なども行われました。そして県内外へ江州音頭を普及させるための組織として昭和

江州音頭フェスタinしが2016。守山市モリーブにて（滋賀県江州音頭普及会事務局提供）

五十九年に三月に「滋賀県江州音頭普及会」が発足しています。

滋賀県江州音頭普及会会則

（名　称）

第一条　本会は、滋賀県江州音頭普及会（以下「普及会」という。）と称する。

（目　的）

第二条　普及会は、本県の代表的な民謡である江州音頭を広く県内外に普及し、併せて本県のイメージ高揚を図ることを目的とする。

（事　業）

第三条　普及会は前条の目的を達成するため、次の事業を行う。

①　江州音頭の保存・普及および宣伝

②　会員相互の親睦

③　その他目的達成に必要な事業

（以下、中間の条文は省略する）

（事務局）

第十七条　普及会の事務を処理するため、滋賀県観光労働部観光交流局内に事務局を置く。

２　事務局長は、前項の観光交流局長の職にある者をもって充てる。

（会長への委任）

第十八条　本会則に規定されていない事項に関しては、会長が適宜それを処理することができる。

（付　則）

１　本会則は、昭和五十九年三月十七日から施行する。

２　第五条の規定にかかわらず昭和五十九年度の市長および町長のなかから会長が委嘱する副会長は、江州音頭発祥地の長をもって充てる。

（これ以降、全七回の一部改正が行われた）

現会則は、第八回目の改正後、平成二十五年四月一日から施行されたものです。

なお、この普及会には下部団体として「滋賀県江州音頭協会」があり、この会は音頭師さんを主要構成員とする比較的新しい団体で、平成二十四年三月に作られ、県内外で行われる江州音頭行事への積極的な参加・協力・支援など、滋賀県江州音頭普及会の活動を補完する役割を担っています（平成二十九年一月現在の会員総数は一四三名）。さらには、この他にも近畿、関西圏域における音頭師さんによる「広域江州音頭師交流盆踊り大会」というのが毎年九月に、甲賀市土山町の「若王寺」で開催されるなど、江州音頭が存続・発展していくための素地は十分あるようですが、問題はやはり発祥地、親元と称する八日市地域にあり、江州音頭を育てる熱意の低下と郷土芸能を発展させる取り組みの消極性にあるように思えてならないのです。

頭師（本名）		
鑰家文優（高橋幸子）	真鑰家好由美（越智由美子）	真鑰家文晃（河村　晃）
鑰家好綾（坂尻正春）	真鑰家好峰（藤井茂男）	真鑰家好萩（森野美加子）
鑰家紅梅（清水隆子）	真鑰家好尚（岡田尚大）	真鑰家好桜（黒川津多子）
川愛虎（山本　均）	桜川捨平（平塚　学）	桜山光彦（浦部克己）
川松誉（松宮捨子）	桜川真琴（嶌村眞砂子）	
川貴美若（佐野公治）	成世昌龍（細川辰男）	
賀國鶴武（田中伸三）	志賀國武信（西川信枝）	志賀國武和（矢場一子）
代目櫻川昇鶴（中越宗晴）	櫻川昇三津（清水三郎）	櫻川昇義（田村義子）
川昇力（中西昌忠）	櫻川昇若（保智正智）	櫻川昇華（邊見　愛）
代目桜川奈美子（長﨑綾子）	桜川貴美幸（﨑　幸二）	桜川貴美和（佐藤和子）
川貴美勝（勝　貞夫）	桜川貴美義（久保田重義）	桜川貴美俊（川村俊二）
川貴美江（古川たけ）	桜川貴美喜代（折岡喜代子）	桜川貴美千代（立岩千代子）
海映龍（西川正美）	淡海諒龍（久米良郎）	淡海繁珠（河崎英子）
川湖富士（堀居安廣）	桜川寿賀若（羽渕清信）	桜川寿賀華（入江康雄）
川美寿々（鳥居シゲノ）		
代目桜川伯山（田村修二）	桜川竹山（佐野竹生）	
川義山（西山義博）	桜川庄司（庄司孫一）	桜川将拓（林　一予）
川陽湖（大和田陽子）		
川亀山（亀谷忠穂）	桜川進楽（木村　進）	桜川姫伯（中野かおり）
江富士重龍（大久保重信）	近江富士久龍（奥村久治）	近江富士正龍（中村正和）
江富士弘湖（奥村弘子）	近江富士光若（角　光雄）	近江富士善龍（布施善紀）
田富子	南とし子	藤原　頴子
莱家 桜川徳輪香（松村輪香子）	蓬莱家 桜川徳章（中川好章）	
沼克司	小野田峯子	外池まつゑ
川文月（竹岡育代）	櫻川定玉（中井定美）	真鑰家宗家三世 櫻川好文（加藤善也）
多迺家吉祥（喜田輝秀）	加多迺家延春（山崎幸春）	

滋賀県江州音頭普及会で活躍する音頭師（平成29年8月末現在）

東近江市 ＜音頭発祥地の八日市＞	真鍮家文好一門	真鍮家文好（小椋祥行）	真鍮家文若（梅本　努）
		真鍮家文亨（小杉　亨）	真鍮家小文（小澤久美江
		真鍮家小好（片山トクエ）	真鍮家白梅（立入啓美）
豊郷町 ＜観音盆踊りの発祥地＞	豊郷町江州音頭保存会	桜川捨丸（清水重留）	桜山虎丸（藤野喜史郎）
甲良町	尼子江州音頭普及会	桜川捨晴（木村晴夫）	桜川好丸（八木義雄）
近江八幡市	祭文家	櫻美家天勝（深尾勝義）	志賀国寿輝（荒川　巧）
	天武壱門会	志賀國天武（後藤喜代一）	志賀國太武（松村一行）
		志賀國武婦（後藤友子）	
	櫻川昇山会	櫻川昇山（岡田富士夫）	寿々文（加藤紀子）
		櫻川昇鶩（髙田としよ）	櫻川昇麗（三好美智子）
		櫻川昇武（峠岡　武）	
彦根市	びわ湖江友会	二代目桜川貴美子（山﨑美江子）	桜川貴美洋（島田洋子）
	ひこね江友会	桜川貴美政（前川政夫）	桜川貴美一（田中昭一）
		桜川貴美博（諸頭誠博）	桜川貴美愛（松林愛子）
		桜川貴美香（田澤利枝）	桜川貴美美津（柳本美津
	江州音頭愛好会	淡海翔龍（永山正弘）	淡海精龍（西堀精一）
		淡海千珠（中川直美）	
長浜・米原市	寿賀廼家	二代目桜川小寿賀富士（小川正一）	桜川富士若（山川忠司）
		桜川寿賀豊（前田　豊）	桜川寿賀喜代（川村喜三
	個人	栄　　山（山口栄太郎）	
大津市	晴嵐楽風会	桜川松楽（大平武右衛門）	初代桜川文楽（松本敦三
	大津江州音頭保存会	二代目桜川文楽（小西春夫）	桜川姫文（小西栄子）
		桜川菊山（下口智哉）	桜川ひろ子（関本弘子）
	龍神家一門会	桜川雅山（横山釼尾）	桜川花山（立花　守）
守山市	守山江州音頭保存会	近江富士達龍（馬渕達夫）	近江富士清若（今井清次
		近江富士了若（大塚　了）	近江富士麗湖（西本麗子）
		近江富士滋泉（大崎　滋子）	近江富士宏龍（常原宏之）
		高田　央子	
野洲市	個人	四代目桜川又丸（北脇強志）	
甲賀市	蓬莱家会	蓬莱家 五代目桜川徳丸（伊藤耕造）	蓬莱家 桜川徳利（内堀俊
蒲生郡日野町	砂川会	安井喜久松	福澤善三郎
三重県伊賀市	玉家三代目家元櫻川好玉会	櫻川好玉（竹岡虎通）	櫻川夕湖（北村夕美）
		櫻川千好（村井昌枝）	
大阪府交野市	加多廼家一門会	加多廼家延洲（小川寛文）	加多廼家延若（上谷幸男）

普及会の会員総数：34団体249名（平成29年3月末現在）
資料提供：滋賀県江州音頭普及会事務局

広域江州音頭師交流盆踊り大会(平成28年9月　於　甲賀市若王寺)

二五八祭に参加の江州音頭普及会のメンバー（平成23年）

第六章

江州音頭の踊り方と歌詞集

1　江州音頭の踊り方と歌詞

それでは、参考のために平成の現在まで続いている江州音頭の具体的な踊り方（振り付け）と歌詞（音頭）について、エキスの部分をかいつまんで記しておきます。

踊り方は、別に示すイラストを参照してください。江州音頭は戸外で行われる屋台（櫓または棚）音頭が主体ですが、まず音頭取りが音頭棚に登り、自分の得意な歌詞を歌いつつ金杖（錫杖の頭部だけのもの）を鳴らし、あるいは法螺貝を吹き、また時々口で「アーレレレン、レレレン、レレレン」と云って音頭を続けます。

歌詞には祭文調の古典的なものと、時代にマッチさせた新作ものがありますが、その代表的な音頭を掲げますので、踊りと共に歌詞の内容を読み味わって下さい。

音頭の出だしは、

〽（音頭）ヤ、コリャドッコイセ（アラ、ドッコイショとも）

〽（踊子）コラ、ナンジャイナ（ホラ、シッカリセとも）

〽（音頭）エー皆様、頼みます

〽（踊子）ハ、ドッコイ（ハ、キタショとも）

〽（音頭）アーこれからは、ヨイヤセの、コレ掛声頼みます

〽（踊子）ソリャ、ヨイトヨイヤマカ、ドッコイサノセ

〽（音頭）アーさては、この場の皆様や

〽（踊子）ア、ドシタイ

〽（音頭）うかがいまする演題は

で、演題を紹介し、そのあとへ更に

〽（音頭）これじゃからとて、皆様よ、事や細かにゃ読めねどオオもオオ、

これから読み上げ奉る、アー、デレレン、デレレン、デレレン

江州音頭の簡単な踊り方

手の振り
1
右手肩の高さ、左手はかざします。
ほ!
2
左手肩の高さ、右手をかざします。
よ!
3
左手をかざして、右手は後ろ斜め下にかざします。
ん!
足の運び
1
（右足を一歩前に）左を向きます。『右の品物如何ですか？』
2
（左足を前に二歩目）右を向いて『左の品物どうですか？』
3
（そのまま右足を少し後ろに引きます）身体は右向き顔は後ろを向いて『後ろにも品物あります』

と続けるのが標準の歌い方です。そして、この「デレレン」というのは法螺貝の擬音であって、今日の江州音頭が元をただせば「デロレン祭文」からきていることを示す証左なのです。なお、その祭文（歌祭文）や踊口説が江州音頭の前身であったことのしるしは、次に挙げる江州音頭の節まわしの名称にも表れています。

「出　し」音頭のかかり出しで「アーさては、この場の皆様や（へ）」というところ。

4
両手を一旦後ろから前に出します。
ほ!
4
(左足を引いて右足に揃えて右足を踏みかえる）進行方向を向きます。
『荷車で出発準備』
5
両手を自然に戻します。
と!
5
(左、右と進む）進行方向へ二歩進みます。
『荷車でお届けに上がります』
6
足が揃ったところで左を向いて手を『ポン』とたたきます。
ポン!
6
(左足を右足に揃える）左向きに止まって手を一度打ちます。
『お買い上げありがとう、儲けさせて頂きおおきに!』

（滋賀県江州音頭普及会パンフより）

「半　節」五、七調の普通の節という意味。

「祭　文」特殊な歌い方で、祭文語り直伝の部分。「これじゃからとて、皆様よ（へ）」というあたり。

「半祭文」祭文の下半分の節まわしを落とし、踊子の掛声をとる、尻とりの歌い方

「おくり」「そもそもえー」と歌い出すまわし。（貝とおくりは一段に一回と限られている）

「せ　め」これは座敷音頭の終曲に近い処で、調子を速めるうたい方。

「なげき」しぼり悲嘆の場所を、現わす時の唄い方。
「ク　リ」力のはいる唄い方。

このように、いろいろな歌謡の節廻しを加味した江州音頭の締めくくりを「千秋楽」と云いますが、この最後の口上は「伊勢音頭」の囃子言葉で結ぶことが習わしです。そこで、伊勢音頭がどうして江州音頭に入り込んでいるのかを考えます。

2　伊勢音頭（伊勢踊り）

衆知のとおり、伊勢国には神社の総元締め「伊勢神宮」があり、昔も今も「お伊勢参り」が盛んです。太平洋戦争前までのわが国の在郷では、集団で伊勢参りをすることが村々の古くからの慣習でした。ですから、毎年、日本各地から大勢の人びとが伊勢神宮に押し寄せる訳で、その集団を受け入れ、世話をする仕事人が必要になりました。これが「御師《おんし》」と呼ばれる人々で、現代風に云えば伊勢神宮の営業マンであり、伊勢参りツアー専門の旅行業者のような人たちです。

御師の歴史を辿ると、元々は祈祷師にはじまると云われ、平安時代末期から公家・貴族の伊勢詣でが盛んとなり、祈祷・祈願を取り次ぐ仕事が生まれました。御師のほとんどは神宮の神役人（下級職員）で、外宮の世話係をしながら参詣者に宿の提供もしていました。彼らは一人ひとりが全国に「かすみ」と呼ばれる縄張り（営業圏域）を有し、毎年、定期的に巡回しては伊勢神宮の神木やお札を配布し、伊勢信仰を広げていったのです。

そして、神木やお札を全国の村々、各区域へ配ることを「神送り」と云い、道中の先頭にお祓いを立てて踊り乍ら行進したのですが、その道中で踊られた

浜野地区住民総出で聖徳まつりにも参加

踊りが「伊勢踊り」と云われるものです。

　こうして日本の長い歴史のなかで、いつの時代においても多数の人間が伊勢参りに関わっており、参詣のついでに土産を買うとともに「伊勢音頭」を見物して故郷に持ち帰ったので、その影響が全国に広がり、盆踊りの定番となってゆきました。このようにして江州音頭にも千秋楽の囃子言葉として流入したと考えられます。

　伊勢音頭の発祥地は、伊勢国の河崎という漁港であり、河崎音頭とも云われますが、江戸時代の享保ごろから盛んになり、上方・名古屋方面へも広がりました。伊勢音頭の歌詞を集めた『二見真砂』を見てみると、各歌詞の末尾が「エ」で終わっているのが特色で、最初に広めたのは願人坊主と云う人たちです。世間に知られているのは各詞章の囃子言葉で「ヤートコセーヨーイヤナ、アリャリャ、コレワイセノ、ササナンデモセ」というセリフで、普通一般にいう所の伊勢音頭とはこの部分を云うのです。なお、文政五年の『浮かれ草』という文献に「勢州河崎節」として収められている囃子詞は「ヤアトコセ、ヨイヤナ、アリャナアコノナンデモセイ」と「ヤアトコセイ、ヨイヤナア、アリャ、コリャラ、コノナンデモセイ」の二様が記されています。

〽伊勢の陽田の一踊り、二見ヶ浦に住みながら、
ササ、よいよいよいやサ。
なぜにそなたは塩釜の、しほがなくとも舌たるい、

よいよいよいよいよいやサ。
目元に知られ、恋ひわたる、橋は名所、岡崎女郎衆と、
もつれ寝よやれ、富士川の、それ枝川躑躅、
あすの夜明けの後朝に、げにおさらばえ、鳥は時知らず、
鶏は憎いよ、憎や打たりょか、なんでも愛しうてならぬェと、
言うては背を一つ打ち、潮来出島は、さて色所、
お客は立派で気はさっぱ、腰ざし紋羽に仲良しの、
しゃれた顔して止しなされ、昨夜も来よとて玉機の、
今宵も来よとて玉機の、おりしがない御無心に、
さっぱり困り入りやした、塵取り手桶に小便担桶。

こうして、元地となる演目に各種の歌謡や民謡の節回しや特徴を取り入れた西澤寅吉が八日市祭文音頭を唄い出し、明治初年に江州音頭を大成させたので

すが、大正時代までは旧来の演目のまま、つまり「八百屋お七」「鈴木主水」「白井権八」「お俊伝兵衛」「阿波の鳴門」などの内容がそのまま演じられていました。

昭和に入ってからは音頭取り、踊り手の双方から歌詞の新作運動が起り、大衆にうける江州音頭へ脱皮することが求められました。しかし一方では、古典的な音頭も、それはそれで大切にしながら、新しい歌詞も打ち出してゆくことが重要です。そこで、次にこれらの代表作を掲げておきます。

3　天龍川の大仇討（古典）

これは真鍮家四代目の好延（中西平八）氏が口演した音頭を記すものですが、祭文調を採り入れ、その名調子は聴衆をうっとりさせました。

〽ヤ・コリャどっこいしょ、
ホラ、シッカリセ、
エ皆様たのみます、
コリャセ、
是からは、よいやせの掛声を、
(囃　子)コリャ、ヨイト、ヨイヤマッカ、ドッコイサノセ、
コリャ(ソリャとも)
〽伺いまする演題は、
誠は吉岡百人斬り、　天竜川の河上は、
鬼ケ原と云うとこで、　姉が藤乃で、　妹が繁乃、
女ながらも二人が、　父の仇を討つと云う、
天竜河原の大仇討を、　時間来るまで努めます。
(囃子送り貝)

レレレン　レレレン　レレレン　レレレン
〽そもそも御題の筆始め、　文句途中であるけれど、　國は肥後の熊本で、
(囃　子) コリャ、　ヨイトヨイヤマッカ、　ドッコイサノセ。
〽御高七十二万石、　加藤肥後守様は、
酒と女に身をくずし、　此の事公儀の目に止り、
家は断絶身は切腹、　残る家中の人々は。
(囃　子) コリャ、　ヨイトヨイヤマッカ、　ドッコイサノセ。
〽二十八人のその中で、　鳥井半助正直は、
己が心に思うには、　二人の娘がある故に、
どうか、　出世がさせ度いと、　焼野のきじす、　夜の露
二十日の闇に迷はねど、　子を思うの親心。
(囃　子) コリャ、　ヨイトヨイヤマッカ、　ドッコイサノセ。
〽娘が可愛いばっかりに、　これより江戸へ乗り込んで、

出世口をば探そうと、　馳れし熊本後にして、
宿の枕も数重ね、　出て来た所は、　近江路の、
ここは名高き草津宿。
（囃　子）　コリヤ、　ヨイトヨイヤマッカ、　ドッコイサノセ。
〽右に取るなら東海道、　左に取れば、　中仙道、
別れ道を右にとり、　東海道をだんだんと、
来かかりますのが宮の宿、　早昼時の事なれば、
二人の娘に打向い。
（囃　子）　コリヤ、　ヨイトヨイヤマッカ、　ドッコイサノセ。
〽あいや、　如何にコリヤ娘、　どこか、　其処らの茶店にて、
昼の支度を致そうと、　ヒヨイト向うを眺むれば、
諸國商人の定の宿、　一膳めしに酒肴、
河内屋佐平と書いてある。

（囃　子）コリャ、ヨイトヨイヤマッカ、ドッコイサノセ。
〽是れを眺めて半助は、二人の娘と共々に、
酒を呑んで居る内に、表の方で喧嘩騒ぎ
仲裁致すばっかりに、大の騒動の発端ですが、
先は止めおき次の縁。
（囃　子）コリャ、ヨイトヨイヤマッカ、ドッコイサノセ。

4　出世角力・櫻川五郎蔵（古典）

この音頭は、真鍮家二代目好延から分派した桜川梅勇の口演を記述するものです。

〽エー皆様頼みます。
これからはヨンヤセの掛声を、　さては此場の皆様へ、
年の始めのあら玉の、　松を楽しむ正月や、
早や二月の色梅や、　三月盛りの糸櫻、
人も見上げる、　四月藤。
（囃　子）
〽五月の梅雨に、　咲く花は、　あやめならいで、かきつばた、
六月牡丹で、　蝶が舞う、　七月野原に、咲く萩の、
照らす八月、　田毎月、　心地良く見る、　九月菊。
（囃　子）
〽十月紅葉に、　鳴く鹿の、　十一月の、　たれ柳、
風に吹かれて末長く、　十と十二月の、　桐はて迄、
浮世にただよう、　櫻川。

（囃　子）
〽流れを汲んだ梅勇が、つたなき節も返り見ず、
近江が生んだ一節《ひとふし》は、江州音頭の一曲で、
読み上げますする演題は、やぐら太鼓と芸に残る。
（囃　子）
〽櫻川五郎蔵が、角力出世の一席を、
これじゃからとて皆様へ、事やこまかに、
こんな難声で、程よく読めぬ共、
時間の来る迄口演なす。
レレレン　レレレン　レレレン　レレレン
〽そもそもえ御段の筆始め、途中や最中でわからねど、
ここに櫻川五郎蔵が、
〽角力になりたい一念で、國の江州後《あと》にして、

志すのが江戸の土地、
幡随院の長兵衛に、　不思議の縁で対面なし、
縁は異なもの味なもの、　うどがワサビの妻となる、
親分長兵衛の取持ちで。

（囃　子）

〽稲川十五郎部室内へ、角力の弟子入り致したが、
好きこそ物の上手なれ、　丸三年の暁は、
上八枚の関脇迄も、　取り上げました事なれば、
角力が手取りで、　腰低で、　人に愛嬌が吉野の櫻、
色で迷わす関取りと。

（囃　子）

〽其れや人気はいかばかり、　足掛け四年の春場所、
蔵前八幡の境内で、　晴天十日の晴角力、

ここに櫻川五郎蔵は、　先ず初日には勝を得た、
二日三日は相手がこける、　四日五日は五郎蔵の勝で、
ここに十日の晴角力、　九日間の勝続け。
〽明日一日が、はねの角力、　千秋楽の取組は、
五郎蔵の相手は誰じゃろと、　呼び出し奴の声聞けば、
いよいよ明日の打ち止めは、　片や櫻川五郎蔵に、
取組む相手は大敵で。

（囃　子）

〽十年此方、土つかず、　九条殿より紫の、
化粧廻しを許された、
立石同様と云われたる横綱御免の勘太夫と、
明日の取組み、ふれこむので、
一夜明けたる事なれば、角力がたったのチョイト一発で、

血の雨降らすお話に、芸題《げだい》の運びはついたれど、
丁度時間となりました。
（囃　子）

5　新作の江州音頭

次に掲げる新作江州音頭は、八日市商工会議所による懸賞募集当選歌ならびに著者と同年齢の知人、櫻美家天勝（深尾勝義）氏ほか愛好家の人たちが作詞したもので、その多くは江州音頭発祥地の八日市・豊郷や、湖国近江と近江商人に縁のある音頭です。

・新八日市音頭

〽花が咲いたよパット咲く　月の二五八人の波
街はぼんぼり薄化粧　メインストリートのあで姿
春のトップの花が咲く　サーサおいでよ八日市
　ソリャー　ヨイトヨイヤマッカ　ドッコイサノセー

〽延命山の涼風に　心も軽きアスファルト
ネオンサインの灯はじく　はずむ夜市の賑いに
あの娘待ってるウインドー　サーサおいでよ八日市
　ソリャー　ヨイトヨイヤマッカ　ドッコイサノセー

〽晴れた夜空に一つ星　心うきうき遠花火

願いかけましょ阿賀の宮　今宵音頭の一おどり
手振り見せたや豆絞り　サーサおいでよ八日市
　ソリャー　ヨイトヨイヤマッカ　ドッコイサノセー

〽一本松の秋の月　いつか時雨れる瓦屋寺
君の俳句の懐かしく　思いも深き松の色
いつも変らじ法に鐘　サーサおいでよ八日市
　ソリャー　ヨイトヨイヤマッカ　ドッコイサノセー

〽四方の眺めのから錦　八風街道のつたかづら
山縫うバスの永源寺　恋の吊橋ふんわりと
ショックにあの娘の手が触れて　サーサおいでよ八日市
　ソリャー　ヨイトヨイヤマッカ　ドッコイサノセー

・八日市小唄（江州音頭調で唄う）

一、春は延命の花見酒　浮いてうかれて筏川
町を開いた太子の徳は　千代の末まで瓦屋寺
サーサ二五八市日においで　ホンニよいよい八日市

二、夏は太郎坊のお千日　空にネオンの揚げ花火
踊りおどろか夜市を見よか　町は浴衣でさんざめく
サーサ二五八シネマへおいで　ホンニよいよい八日市

三、秋は紅葉の永源寺　高野三里を伊勢路まで
茸は布引お米は本場　積んで黄金のゑびす市
サーサ二五八笑顔でおいで　ホンニよいよい八日市

四、冬は蒲生野雪景色　偲ぶ万葉のうたどころ
電車行き交う公園あたり　招く夜毎の灯があかい
サーサ二五八いつでもおいで　ホンニよいよい八日市

・八日市小唄パートⅡ

〽延命公園　さくらに暮れて
宵のぼんぼり　宵のぼんぼり
薄化粧　ホンニホヤナイカ　八日市

〽煙火千日　太郎坊詣り
今宵うれしい　今宵うれしい
夫婦岩　ホンニホヤナイカ　八日市

〽月の二五八　名に負う市場
　　街は荷の山　街は荷の山
宝船　ホンニホヤナイカ　八日市

〽秋はこの山　御堂の渓《たに》も
　　もえて紅葉の　もえて紅葉の
永源寺　ホンニホヤナイカ　八日市

・近江八景

（坪内逍遥　作詞）

一、琵琶の形に似たりとて　其の名をおへる湖の
　鏡の如き水のおも　あかぬながめは八つの景

二、まづ渡り見む瀬田の橋　かがやく入日美しや
　粟津《あわづ》の松は色はえて　かすまぬ空ののどけさよ

三、石山寺の秋の月　雲をさまりてかげ清し
　春より先に咲く花は　比良の高ねの暮の雪

四、滋賀唐崎の一つ松　夜の雨にぞ名を得たる
　堅田の浦の浮見堂　おちくるかりも風情《ふぜい》あり

五、三つ四つ五つうち連れて　矢橋をさして帰り行く
　白帆を送る夕風に　声程ちかし三井の鐘

ここまでの歌詞は古典的なものと昭和期までの作品でしたが、次からは平成

期に入ってから作詞されたものです。

・統一江州音頭（花札かるた月暦）

（平成十六年小椋祥行氏・深尾勝義氏らが作詞）

〽コリャドッコイショ
（ソリャー　シッカリセイ）
エ皆さま頼みます　ヤこれからはよいやせいの掛け声を
（ソリャー　ヨイト　ヨイヤマッカ　ドッコイサノセー）
アさてはこの場のみなさんへ　早速伺う演題は
花札カルタの月暦　江州音頭に載せまして
これじゃからとて皆様よ　事や細かに参らねど

これより詠み上げ奉るワイナ
（レレーンレレレンレンレンレレレーン）

〽ヤそもそもえ　御段の筆のはじめ
途中や最中では分からねど　開いた場面がどこよなら
（ソリャー　ヨイト　ヨイヤマッカ　ドッコイサノセー）

〽ア年の始めの新玉の　松を楽しむ正月や
早や二月の色梅や　三月盛りの糸櫻
人も見上げる四月藤
（ソリャー　ヨイト　ヨイヤマッカ　ドッコイサノセー）

〽ア五月の梅雨に咲く花は　菖蒲ならいで杜若

六月牡丹に蝶が舞う　七月野原に咲く萩の
照らす八月田毎月　心地よく見る九月菊
（ソリャー　ヨイト　ヨイヤマッカ　ドッコイサノセー）
〽ア十月紅葉に啼く鹿の　十一月の垂れやなぎ
風に吹かれて末永く　十と二月の桐果てまで
花札暦のお粗末は　これにて止めおく次第なり
（レレーンレレレンレンレンレレレーン）

・四季折々　湖畔の宿

（深尾勝義氏　作詞）

〽コリャドッコイショウ　ソレシッカリセー
皆様頼みます　キタショウ　これからは　よいやせの掛け声を

ソリャー　ヨイトヨイヤマッカ　ドッコイサノセー

〽さては此の場の皆様へ　ハッ　ドウシタ
ここは近江か滋賀の街　水と緑の文化町　近江八幡
ようこそお越しくだされた　癒しの宿は　休暇村
ソリャー　ヨイトヨイヤマッカ　ドッコイサノセー

〽春は桜に菜の花の　屋形船で花見酒　遠く聞こゆる左義長の
〝チョウヤレ〟掛け声勇ましく　夏は琵琶湖へ水遊び
裸足で駆けよう宮ヶ浜
ソリャー　ヨイトヨイヤマッカ　ドッコイサノセー

〽浜の向うは沖島か　遠くは比良の山脈か　あの山越せば京の街

明日はみんなで八幡山　ロープウエーでひとまたぎ
登れば琵琶湖が目の前に　天下を夢みた信長の　鏡の西の湖　安土城
　ソリャー　ヨイトヨイヤマッカ　ドッコイサノセー

〽八幡山から古の　弓手に馬手を眺むれば　蒲生野　葭原　安土城
北の伊吹に　南は鈴鹿　西に比叡の空っ風　東にもみじの永源寺
　ソリャー　ヨイトヨイヤマッカ　ドッコイサノセー

〽お堀か水郷かヴォーリズか　白壁　格子戸　豪商の　伝建界隈散策と
八幡名物ゆうたなら　近江牛に赤こんにゃく
　ソリャー　ヨイトヨイヤマッカ　ドッコイサノセー

〽バームクーヘン　丁字麩　ういろう　湖魚の佃煮　鮒ずし　あらい

三十一番　西国札所は長命寺　三十二番は観音正寺　旅の安全祈りつつ
　ソリャー　ヨイトヨイヤマッカ　ドッコイサノセー

（深尾勝義氏　作詞）

・水郷めぐり

〽皆様たのみます
これからは　よいやせの掛声を

〽さては　この場の皆様へ
　ここは近江の滋賀のまち　安土八幡　水の郷
　ようこそお越しくださいました
ゆったり　ゆっくり　ゆらゆらと
　浮世忘れて癒されて　風情たっぷり舟遊び

〽右も左も葦原の　迷路行き交う　屋形船
　波間にヒシやヒメコウボネ　きらめく水面に水中花
　　ケケス　さえずり　カイツブリ
　さざなみ寄せて　櫓がきしむ

〽お舟は前が舳先なら　船頭　櫓漕ぐ艫という
　櫓越しに彼方を眺むれば
　　葦の間に見え隠れ　信長ゆかりの安土城

〽鶴翼山とその名も高き　緑ゆたかな八幡山
　頂き見れば　四十三万石
　　秀次公の八幡城　菩提弔う　瑞龍寺

〽二月　三月　ヨシ焼きまつり　四月まつりは　ヨシ松明
五月　六月　ちまき巻き　日除けのヨシや　夏障子
ヨシで屋根葺き　簾編む　耳を澄ませば　ヨシ笛か

〽ヨシにちなんで　皆さんへ　近江商人　三方よしの　家訓を伝え
売り手よし　買い手よし　世間よしの　三方よし
これが商いの　命なら　もひとつ言いたい　環境よし

〽春　水郷に霞立ち　夏は琵琶湖に　帆が走る
秋は紅葉の長命寺　冬　船縁に雪化粧
万葉時代の昔より　栄えましたる　淡海のまち

〽お名残りおしゅうは　あるけれど　お舟はいよいよ　船着場

またの　お越しを楽しみに　手を振る心は　ありがとう

・赤穂義士

志賀國天寿（坂田進道）氏提供の歌詞で著者が好きな音頭です。

〽人は一代名は末代　虎は死んだら皮残す
ここに播州赤穂の浪士が　忠臣義士の鏡ぞと
今が世までも　骨は朽ちても名を残す

〽深きたくみの内蔵助　赤穂退散その後は
何の寝らりょか忘らりょか　たとえ吉良公が舅でも
やわかこのまま捨つべきか　亡君浅野のお恨みを
ぐっと飲み込む九寸五分

〽水の流れと人の身は　明日またるる楽しみや
人目を忍ぶスス竹や　寒きも寒き雪空に
水はどんより濁れども　心濁らぬ隅田川
首尾よく討つか討たるるか　命かけたる両国の
橋のたもとで大高が　時世残した宝船

〽よその見る目もはばからず　可愛い妻子と別離して
伏見の里や祇園町　遊女売女にたわむれて
月雪花と日を暮らす　これもひとつ　仇苦肉の裏面
軽い命に重たい役目の大石よ　何のゆかりがあるものか
胸に錠前　きちんと下ろした内蔵助

〽命はもとより投げ捨てて　赤穂浪士の夜討ちの道具

たとえ町民身不肖でも　一旦こうよと頼まれりゃ
　たとえこの身が　しゃれこうべになろうとも
言うな言おまいしゃべろまい　かたくつつんだ長持は
　武士にも及ばぬ　天野屋利兵衛

〽胸を打ち明け大石が　あまた家中のある中で
これと眼鏡が叶たのは　堀部親子に岡嶋や
　磯貝　間に小野寺や　潮田　神崎　武林
原に大高　赤垣か　中村　倉橋　前原や
　片岡源吾をはじめとし　下は足軽
寺坂吉右衛門に至るまで　赤き心はいろはにほへと
　ちりぬる命は元よりも　吉良の屋敷によたれして
ならむいの奥に踏み越えて　死出の山路に花咲かし

昇る朝日に夢さめて　めでたくえひを見るまでは
何の仇は逃しはせすん

〽長の年月四十七士　吉良の様子を探らんと
易者　まき売り　夜そば売り　お酒の御用や炭たき木
中にも堀部安兵衛は　顔に焼きごてアザとなし
手慣れぬ仕業の今日大根売り

〽やがて今宵は討ち入りと　それとはあかせぬ赤垣が
只塩山にいとまごい　逢わずに帰る源蔵が
心残した　一生別れの徳利酒

〽頃は元禄十五年　月こそ変われど亡君の

恨みも深き吉良公の　ひたいの傷は浅くとも
　遺恨も深き四十七士　山形筋の火事羽織
山鹿流儀の陣太鼓　ときをつくりて
　吉良の屋敷に打ち寄せる

〽所は本所松坂町　吉良の屋敷の裏表
表御門は大石良雄　裏手の御門はせがれの主税
　二手に別れて乱入する　逃げる奴には追いもすな
女子供に目は掛けな　目指すは吉良の上野と
　尋ね探せど　消えてなくなる雪模様

〽東はほんのり白み出す　さすが気丈な大石も
天を仰いで落胆の　折りからきこゆる　合図の呼笛

一番槍が炭部屋より　吉良を捕まえ引きずり出して
亡君恨みの九寸五分　晴れて嬉しい雪の空
永代橋から勢揃い　共にかばねは苔の下
四十七士の義士の塚　その名高輪泉岳寺

6　豊郷ゆかりの音頭

・江州音頭由来記　（藤野うの　作詞）

〽えー皆様たのみます
お見かけ通りの若輩が　習い覚えたひと節を
つたないながらも時間まで　一生懸命
読み上げまするで　芽をだしましたる

二つ葉の苗の育つよう　熱い情けのご声援
ひとえにお願い申しまする

〽春らんまんの花の下　白鳥遊ぶ彦根城
夏清涼の飯の浦　もみじの錦音無しの
川に影さす永源寺　比叡の山は延暦寺

〽老杉天をつく中に　ひらけるびわ湖の眺望は
日本一の感深し　北にそびえる伊吹嶺は
吾滋賀県を象徴し　朝日は輝く銀の峯
山は紫　水清く

〽人情とみに豊かにて　路傍の小石千草にも

古き歴史の息吹あり　さて豊郷町は枝村に
古く伝わり名も高き　江州音頭の来歴を
こと細かにはまいらねど　わがふるさとの誇り故
これから　ぼつぼつ読み上げる

〽そもそも永正十七年　行基菩薩の御発願
四十九院の一寺にて　日吉山は千樹寺に
観音阿みだ如来をば　御本尊と安置して

〽万民快楽をいのらるる　近郷近在　処々方々
善男善女の参詣に　門前市をなす繁盛

〽永禄十一年　秋半ば　織田信長の軍勢に

焼き討ちされて　たちまちに
　さしも栄えし千樹寺も
跡かたもなく　なりにけり
　そこで天正十四年　藤野太郎右ェ門その人が

〽私財を喜捨し　一寄進　寺の再建祈念せり
めでたく本堂建立　落慶供養の余興にて
　時の住職　根誉上人　自らお経に節をつけ
声高らかに読みければ

〽信者の面々　相つどい
　ぎやあてい　ぎやあてい　はらぎやあてい
はら僧ぎやあてい　と踊りつく

身振り手振りも面白く　夜の白むのも打ち忘れ
　互いに喜びかわしけれ

〽それより毎年七月の　十七日は観音盆
　老若男女集まりて　年々栄える盆踊り
　その喜びも長らえず　再び火災に見舞われて
寺は灰燼　焼野原　たまたま又十四郎兵衛良久
　北海道で成功し　千万長者と唄われて

〽郷土に錦をかざりけり　やがて亡父の遺志をつぎ
海上安全　更に又　魚族慰霊のためにとて
　弘化三年　二度目の　千樹寺建立なされけり
遷仏式の余興にと

〽あまた人形の作り物
　歌舞伎芝居の名場面　又　八日市の住人で
　歌寅　名乗る人を呼び　芝居講談　世話ばなし
聞く人達も踊り子も　理解の出来る俗謡に
　音頭の歌詞を作らせて

〽錫杖　法螺貝打ち鳴らし　踊り子達には絵日傘や
扇を与え　共々に　心楽しく身も軽く
　節　面白く民衆の　郷愁さそう　かけ声に
時のたつのも白波の

〽雲井の月の寝る間さえ　惜しみ踊りに狂う夜の

明くれば白む東天の　空の彼方に届くまで
　踊りつかれて幾百年　昭和の初め　枝村の

〽扇踊りのてほどきを　村の若衆や娘たち
　さては幼い子供らに　いとねんごろに教え込み
　揃いの衣装　作らせて　処々方々の踊り場に
招かれゆきて枝村の

〽扇踊りを披露せり
　高くがせれば花と咲き　くるくる回る蝶の舞
　ちっと閉じれば一陣の　涼風汗の頬を打つ
げに美しき夏の夜の　郷土の花の由来なり
　永久に消えざる芸能の　栄える御代こそめでたけれ

・兎と亀

〽コリヤドッコイセー　ソラシッカリセー
　ええ皆様たのみます
　　ああさては此の場のみなさんへ　早速ながらであるけれど
伺い上げます演題は　皆様がたもご存じの
　　兎と亀のかけくらべ
とかく時間のくる迄は　一生懸命につとめます

〽ああもしもし亀よ亀さんよ　世界の中でお前ほど
歩みののろい者はない　どうしてそんなにのろいのか
　聞いて亀さん云うことにゃ

〽ああ何とおっしゃる兎さん　そんなに馬鹿にしなさんな
それではお前とかけくらべ
向うの小山の麓まで　どちらが先にかけつくか

〽云いすておいて兎さん
ピョン　く　く　とかけ出した
歩みののろい亀さんは　汗水流し休みなく
一生懸命　歩き出す

〽ああそれを眺めて兎さん　ここ迄おいで亀さんよ
からかい乍ら一休み　いつの間にやら眠り出す
油断大敵亀さんは　決勝点にとたどりつく

〽ああ扨ては此の場の皆さんへ　兎と亀の物語
我が身の胸に刻み込み　茨の道もなんのその
油断をせずに　あせらずに
希望を持って　進みましょ

・豊郷自慢

（中村嘉太郎　作詞）

〽エー皆様たのみます
これからは「ヨイヤサ…」の掛声を
あ、さてはこの場の皆様よ　今日はゆかりの観音盆
江州音頭で大おどり　老いも若きも共々に
さして引く足おもしろく　調子そろえてひとおどり
伺いまする一曲は　わがふるさとの一くさり

時間のくるまでつとめます

そもそも豊郷日枝の村　郡こそ違え地つづきで
　ここに眼をつけ合併の　気運いよいよ高まりて
三十一年の吉日に　新豊郷町は生まれたり
　湖東沢野の真中で　新幹線や8号線
近江電車に中山道　車の波はたえまなく
　お国自慢じゃないけれど　秋は黄金の稲穂波
お酒にお肉はお手のもの　新工業もあちこちに
　歴史は遠く二千年　興亡幾多ありつれど
文化の遺跡も数多く　故人の偉業をしのばれる
阿自岐の宮の名園や　ひでりゆかりの唯念寺
　高野瀬城址と市場町　又十・丸紅その他に
今に残れる大甍　江州商人のシンボルだ

士魂商才受け継ぎて　日本はおろか世界まで
その発展は限りなく　病院　学校に町役場
さらに有線　公民館　白亜の甍並び建ち
文化の施設も増すばかり　日々に栄ゆる豊郷よ
我等のつとめや　いや重し　万歳　万歳　万々歳
今日のよき日に事よせて　江州音頭のおそまつを
時間と共に読み終る

第七章

江州音頭に影響した歌謡・踊り

1　江州音頭以前の歌や踊り

ここに挙げるものは、音頭とは限らず歴史的に見て江州音頭に何らかの影響を及ぼしたと考えられる歌や踊りです。まずは音頭ですが、全国には数多くの音頭がありますが、そのほとんどは唄（歌謡）と踊りがセットになっており、種類としては、石曳き・木やり・大漁・地搗き・籾摺り・田植えなどで、これらの音頭は人びとが働く作業時に、気合を入れる（元気づける）ため、あるいはお祭りやお祝いのために歌われ、踊られています。わが滋賀県にも、江州音頭以前から歴史と伝統を有する唄や踊りがありますので、まずこれらを掲げます。

①最上踊り

東近江市の大森町・尻無町の神社の春祭りに踊られ、手に日の丸の扇を持ち、太鼓に合わせて地歌を歌いながら踊ります。起源は江戸初期で、領主の最上氏が大森郷に陣屋を構えたことが発端だと云われています。

②長刀踊り

蒲生郡竜王町山之上の神社で行われる「ケンケト祭」の奉納踊りであり、織田信長の上洛時に戦斗に参加した村びとの戦勝記念として始まり、鉦や太鼓の囃子に合わせて、神の化身である大鷺の作り物を先頭に踊られるものです。

③栗東市・米原市の太鼓踊り

念仏踊りや豊年祭りの一種で、数百年前の鎌倉期から室町期にかけて盛んに行われ、現代まで続いている伝統ある踊りです。

④信楽音頭

湖南地域の古くからの伝統行事で、地歌の「やっちくれ」に踊りが付いたもので、高島音頭と共に江州音頭に影響を与えています。

⑤地搗き音頭

この音頭は、各地の寺や神社の地搗き祝いに歌うもので、中央の櫓の上で大きな御幣を振って、祓い清めつつ音頭をとると、善男善女が青竹を持ち、足踏みしつつ搗き固めて廻るのです。これは三つの節を繰り返すが、全体からの感じは、和讃、御詠歌の節廻しに似ています。唄い出しは、

〽御祝い申したヨーイヤ、おじいさんおばあさんも孫つれて、

左の御手々に五百本、右の御手々に五百本

合わせて千本搗きというものよ……

以下普通の読みものを持って来るのですが、これを実際にやる人が、地蔵和讃などを入れたところをみると、歌念仏に関係がありそうです。

2　高島音頭

近江滋賀の湖西を代表する音頭で、徳川時代中期に踊口説きを取り入れて始められた盆踊りで、江州音頭に最も影響を及ぼした音頭です。

(今津の浜)

〽今津の浜に東風《こち》吹けば　水も温むよびわのうみ
もすそぬらして引く網に　氷魚はおどる銀の花
氷魚のような三ツ指に　ついておじぎは夢の人
愛の人より網すきの　浜の娘に思いをよせる

〽波はあそぶよ大崎の　岩にどんときてどんと返す
高島男の子の度胸だめし　今日も船出だ日はのぼる

山は松風波の音
日も微笑む竹生島
波のま上にほんのりと

〽安曇の流れをさかのぼりゃ
青葉ふるわす八ツ淵の
岩魚とりとりふみわけた
思い出せよと啼く河鹿
朽木は鮎であける里
滝をめぐってほととぎす
去年の人のおもかげを
谷のせせらぎ山はもや

〽近江ひじりのあととえば
花は声なく房たれて
近江高島わしが里
高島音頭でひと踊り
昔を今に紫の
高き教えの偲ばれる
みんなそろってひと踊り

3　淡海節

江州音頭の初代真鍮家好文の弟子、国丸は喜劇役者・志賀廼家淡海のことであり、大正五年頃から歌い始めた俗謡が大ヒットして花柳界で流行し、とくに「よいしょこしょ」は全国的にもてはやされました。

（よいしょこしょ）

〽舟を曳きあげ　漁師は帰る
　　あとに残るは櫓と櫂　波の音
　　ヨイショヨコショ　浜の松風

〽手綱ゆるめて　花の路かえりゃ
　　鈴に浮かれて　勇む駒　ドドドド花が散る
　　ヨイショヨコショ　里の夕暮

（成金節）

〽株じゃ　空株じゃ　舟株買うて
かぼちゃ抱き寝も夢の間と
アーア裏の段畑で笑う茄子　アヨイヨイ

〽運は寝て待て　あるけば棒の
債権当った五千円
アーアしめた成金さめりゃ夢　アヨイヨイ

（左様か）

〽意気なアア、後家さん切髪姿
死んだ亭主に後髪引かれぬためとはエエ
御尤も　アアサヨカ

〽主のアア　御馬に坊やが乗手

手綱は私の紅襷　念が届いたエエ
駒むすび　アアサヨカ

4　大津絵節

寛政末ないし享和ごろから京阪神で歌われ始め、幕末の弘化・嘉永から明治の初めにかけて最も流行しました。一説には、江州大津の民謡より出て、柴屋町の遊女が歌いはやらせたと云われている。元唄は大津絵の画材を歌ったものです。

（外法梯子剃り）

〽かみなり太鼓でつりをする　おわか衆は鷹をする
ぬりがさおやまふじの花　座頭のふんどしに犬わんわん

つけァびっくりし　杖をばふり上げる
あらきの鬼もほっきして　鉦しゅもくひょうたん
なまずをおさへます　奴の行れつ釣がね弁慶
矢の根五郎

5　説教節

平安期の中頃に三井寺所属の説教僧が経文を俗解したりして始まり、後に唱導師が専門化され、声明からでた和讃や講式などをとり入れ、平曲（琵琶法師が平家物語を語る演技）などの影響もうけて音曲的要素が強まり、民衆芸能化した語り物です。これが唱門師らにより、簓や鉦や羯鼓で伴奏して門に立つようになったのが門説教、また山伏の祭文と結びついたのが説教祭文となりました。

一方でこれらが三味線の伴奏で洗練され、人形遣いと提携して操人形劇（人形浄瑠璃）になったのが寛永期頃（一六二四～四三）で、全盛期は万治・寛文の頃と云われます。巷への流布用として仏・菩薩に関わる本地縁起物を特色とする多くの刊行本も出され、そのうち刈萱・信徳丸・小栗判官・山椒太夫・法蔵比丘を五説教といい、優れた名曲とされています。その後、享保期になると説教節は時代おくれとなり、「ちょんがれ」にバトンタッチされてゆきます。

6　ちょんがれ節（ちょぼくれ）

江戸時代の明和ごろに始まり、フルネームは「ちょぼくれちょんがれ」ですが、江戸では「ちょぼくれ」、上方では「ちょんがれ」と云われていました。願人坊主（僧形をした物乞い）が錫杖を打ち振り半ば踊りながら、早口の卑俗なセリフで既成の語り物あるいは世上の事件を語り歩いたものです。句の切れ目ごとに、「ホホホイ」や「ホウ」を入れ、終りを「さりとはくうるさいこったにオヲ、、、」で結ぶのが特徴です。その曲節は和讃・祭文・説教などの融合したもので、後には浄瑠璃（義太夫）・歌舞伎の点景にも取り入れられています。文政五年に出された『浮かれ草』の中の「兎の仇討」が有名。江戸時代末期になると大坂に「浮かれ節」が興り、その勢いに押されて嘉永ごろには廃絶しました。明治以降には、浮かれ節は「浪花節」に変わってゆきましたが、参考に文政四年に流行したものを掲げます。

（流行ちょんがれ）

〽ヤレヤレ皆様 聞いてもくれない、ちょっとちょぼくりちょんがれ節には、
色里名寄せや役者づくしも古めかしいから、芝居大入りはやるぎえんで、
去年ことしに、めったやたらに、流行った事をば、口から出次第、
角中両座は町中お旦那、御ひいき評判、籠正の細工は不二の牧がり、

カンカン踊りはヒイハウヒイハウ、茶屋の座敷で芸子のおしもの、
いやみ歌じゃの扇拍子の、櫻見よとて浪花新町、九軒の揚屋に花を銹った、
更紗眼鏡は扨もきれいな、貝の細工や糸もこけらも、いづれ負けじと角を争ふ、
牛の角力に沖のまじなひ、婆々の酒うり酒とは酒うり酒とはうるさい事だに
ホヲヲヲヲ。

7　阿呆陀羅経

江戸時代の安永・天明ごろに発生した俗謡で、乞食坊主が世態・時事などから取材した戯れ文句を、七七調ないしは八八調で経文の訓読にまねて「仏説あほだら経……」という唄い出しで、手製の楽器を鳴らしたり、二個の豆木魚を叩いて拍子を取り、合の手を入れながら早口に歌います。ふつうは街頭または

戸口を巡って演じ、米や銭を乞うのが当初の形式でしたが、明治以降になると、男女二人連れで男は豆木魚を女は三味線で、「ないない尽し」「ぼうぼう尽し」などの演目を伴奏して街頭を流し歩いたのです。参考に一部を掲げると、

（さし尽し）

〽阿呆陀羅経に曰く、
武士は二本ざし、猟師は鳥さし、芸子は証文さし、
才領はかんざし、茶人は水さし、商人は物さしという

（鳥羽・伏見の戦い）

〽仏説あほだら経、おおそれながら則ち段段いけどりやっかい、
気まぐれ和尚が、談じあげ升、お経の文句が、何が何でも厶り升ふなら、
頃は慶応初の正月、三日の事だが、茶飲咄に退屈した故、
こんがりさつまの丸やきしてやり、大炮もどきの、どっさりへうしで、
悩りしながら、臭さこらえて、ぷうすうぽかんと、夜明けに成ったら、

市中騒動、親仁に欠出す、子供は泣き出す、猫めは飛出す、
荷物は持出す、仲士は豊年、駄賃は取どく、騒ぎの中から、間ぬけの親玉、
又又小隊、進めなんどと、ぶりきのたいこを、べこべこいわして、
上洛めかして、登った所を、王土ゑの藪から、ぼうとは違って、
やみに鉄砲、むやみに打たれて、ふしぎか伏見か、鳥羽つく所を……。

8　南無手踊り

念仏踊りの一種で、「なむて踊り」ともいわれるものです。寛政八年三月に大坂・生玉神社で紀州の「なもで踊り」が見世物として興行された記録があります。

関西で有名なのは、摂州（兵庫県）川辺郡多田院村「多田神社」の秋祭りに

行われるものが代表的です。踊り手のいで立ちは、鬼の面をかぶり赤い棒を持った者二人が先駆けし、子供四人が長刀を持ってこれに従い、踊り連中の十三人がこれに続きます。十三人の中の十人は胸に太鼓を付け、毛をかぶって背に竹竿を負い、その先端は十五本ほどに割れ、それぞれ造花で飾っています。そして、他の三人は毛をかぶり赤地の着付けで鉦を手にしています。

9　浪花節・浪曲

江戸時代、先に書いた「ちょんがれ節」が「浮かれ節」に変わり、文政期ごろからは「難波ぶし」といわれました。創始者は浪花伊助という人物で、明治三十年代からは「浪花節」の名称で全盛期を迎えますが、昭和二年頃からは「浪曲」とも呼ばれています。浪花節は演芸スタイルが座敷音頭と似ており、浪花節が大正期に大衆演芸の王座となって、戦後の歌謡界のように多くのスターが出現したため、おそらく江州音頭がこの形式を真似したのだと考えます。大正期の大阪では、千日前の愛進館、松島の広沢館、天満の国光座が浪花節の牙城とされ、大劇場の明治座や京都歌舞伎座へも進出していました（八日市にも「大正座」があった）。芸筋としては浮かれ節時代からの流れが継承され、物語の筋を重視する「関東節」と、会話よりも節調を重視する「関西節」との区別がありました。劇場以外でもラジオ・レコードの普及で浪曲界のスターに人気が集中しましたが、昭和十年代に入ると映画の勢いに押されるようになり、戦時体制が濃くなってくると、軍事浪曲で戦意昂揚に努めることにもなりました。

平成29年 聖徳まつりフォト

駅前大通りで繰り広げられる。手前は江州音頭保存会

豊郷町の絵日傘踊りも聖徳まつりに参加

第八章　誰もが知っている全国版民謡

これまでは郷土の江州音頭の話でしたが、日本全国には数え切れないほど、新旧の民謡があります。それらは、その地方・地域の人たちだけにしか知られていないものがほとんどで、広域あるいは全国的に知られた民謡は数が限られてきます。そこで、カラオケで歌謡曲は歌えても民謡は歌えない筆者の私でさえ、時おり口ずさむことがある有名な民謡を選び、将来性において、これらと江州音頭がどう違うのか比較検討してみます。

1　ソーラン節（沖揚音頭）

これは北海道の民謡で、「江差追分」とともに全国的に知られており、聞くのは追分、踊るのはソーランと云われている。ほんとうの名称は「沖揚音頭」と云い、あまりにも有名になったため歌詞の一節が題名になりました。江戸時代、安政年間に生まれたものらしく、北海道での有名な「ニシン漁」の時の漁師唄であり、漁をするとき「船漕音頭」「網起音頭」に続いて、仕掛け網で沖につくった「ニシンの生簀」から、ニシンを引き揚げる時にヤーレン　ソーランと歌いながら作業をしたときの唄です。最盛期には、積丹半島を中心に海の色が変わるほど、ニシンの大群がおし寄せて来て、当時の北海道はニシン漁の黄金時代でしたが、大正の末期頃からの海流の変化で、ニシン場が北上してしまったということです。しかし、ソーラン節だけは江差追分と共に全国に広まり、昔のニシン漁のおもかげを語り伝えているのです。

歌詞

〽ヤーレン　ソーラン　ソーラン　ソーラン　ソーラン　ソーラン
（ハイ　ハイ）
踊る銀鱗　かもめの唄に
お浜大漁の陽がのぼる　チョイ

ヤサエーヤッサノドッコイショ
（ハァ　ドッコイショ　ドッコイショ）

〽こよい一夜は　どんすの枕
明日は出船で　波まくら

〽嫁ことるなら　鰊場の娘
色は黒いが　気だてよい

〽沖のかもめに　潮どき聞けば
わたしゃ立つ鳥　波に問え（聞け）

2　東京音頭

この歌は首都東京の民謡で、有名な民謡のなかでは最も新しく、著名なる西條八十作詞、中山晋平作曲で、首都の繁栄・発展を期して昭和七年に作られた新民謡です。詩も曲もその道の第一人者の作品で、非常な傑作と評価され大へんな人気を博し、今後も末永く歌い嗣がれることでしょう。

歌詞

〽ハアー
　踊り踊るなら　チョイト東京音頭
　　　　　　　　　　ヨイ　ヨイ
花の都の花の都の真中で　サテ
　　ヤートナ　ソレヨイ　ヨイ　ヨイ
　　ヤートナ　ソレヨイ　ヨイ　ヨイ

〽花は上野よ　チョイト柳は銀座

月は隅田の　月は隅田の屋台船

〽幼なじみの　チョイト観音様は

屋根の月さえ　屋根の月さえなつかしや

〽寄せて返して　チョイト返して寄せる

東京繁盛の　東京繁盛の人の波

3　よさこい節

この歌は土佐、高知県の代表的な民謡で、平易な親しみやすい節回しである

ため日本中に替え歌がたくさんあり、昭和の歌謡曲「南国土佐を後にして」に

も用いられて一躍有名になりました。元唄の起源についてはいろいろ説があり、文献がないため確定はできないのですが、慶長年間に山内一豊が移封され高知城を築いたとき、人夫たちが掛け声をかけながら歌った「木遣り節」が原点であろうと云われています。

これに対し、昭和の歌謡曲で歌われた「坊さんかんざし買うを見た」の文句にまつわる説話では、安政の頃、高知の城下町から四キロほど離れたところにある妙光寺の僧に純信という者がいて、この僧と鋳掛屋新平の娘おうまとが相愛の仲になり、純信がはりまや橋のたもとにある小間物屋でかんざしを買ってやった、という噂が広まり、いたたまれなくなった二人はかけ落ちをします。

しかし、結局二人は追っ手に捕えられ、破戒と関所破りの罪で東と西に流罪となり、その後、僧の消息は不明となりますが、娘は後に大工と結婚し、上京して明治三十一年に六十六才で没したという話です。

ですから、よさこい節の歌詞はこの話がもとで出来たようですが、実際は古くからあったこの地域の座敷歌に、こうした説話を歌い込んだのかも知れないのです。

歌詞

〽土佐の高知の　はりまや橋で
坊さんかんざし　かいよった
　アラ　ヨサコイ　〳〵

〽わしが情夫さんは　浦戸の沖で
雨にしょんぼり　濡れて　松魚つる
　アラ　ヨサコイ　〳〵

〽土佐はよい国　南をうけて

さつまおろしが　そよ〳〵と
アラ　ヨサコイ〳〵

〽よさこい晩に来いと　言わんすけれど
来てみりゃ真実　こいじゃない
アラ　ヨサコイ〳〵

4　郡上節（かわさき）

これは岐阜県北部にある八幡町に伝わる盆踊り歌で、江戸時代中期の享保年間が起源とされ、その踊りは「郡上《ぐじょう》踊り」の名で全国的に有名です。八幡町は明治維新まで城下町として栄えたところで、ここでは代々の城主が山間部領民の娯楽として歌や踊りを大々的に奨励したため、「かわさき」・「春駒」・「三吉」・「まつさか」という四種類もの郡上踊りが出来上がりました。

とくに、最後の城主青山氏は盆踊りに熱心で、川崎という藩士に命じて新しい歌と踊りを作らせました。今や郡上踊りは中部地方を代表する民謡として、毎年お盆の八月十三日から十六日の四日間、郡上八幡の境内を中心に何万人もの人びとが集まり、夜を徹して踊られています。

しかし、在郷はもっと熱心で、各字では七月の十六日の天王祭りから九月初旬まで、三十日以上に亘って連日連夜踊りが行われているようです。

歌詞

〽郡上のナアア　八幡出てゆく時は
　アソンデモ
雨も降らぬに　袖しぼる

ノーナンデセイ
雨も降らぬに　袖しぼる

〽郡上の殿様　自慢なものは
金の弩票に　七家老

〽向い小駄良の　牛の仔みやれ
親が黒けりゃ　仔も黒い

〽唄もつづくが　踊りもつづく
月の明るい　夜もつづく

5　阿波踊り

この踊りは日本を代表する民謡と云う人もいるほど有名なもので、今や四国徳島県の最大の年中行事となっており、地元の町を挙げて熱狂的に総出で踊るため、「気狂い踊り」とか「阿呆踊り」とも呼ばれています。その発祥は、今から四二〇年ほど前の天正十五年に蜂須賀家政が阿波国の領主に封じられ、今の徳島公園に城を築きました。そのとき、落成祝いに城下の人びとが無礼講で城に招かれ、人びとが祝賀踊りをしたのが阿波踊りの始まりで、以来毎年七月、踊り放題の盆踊りとして奨励され、これが定着して今日まで続いているのです。

歌　詞

〽アーエラヤッチャ　エラヤッチャ

ヨイヨイ　ヨイヨイ
踊る阿呆に見る阿呆
同じ阿呆なら踊らにゃ損々
新町橋まで行かんか　来い来い

〽阿波の殿様　蜂須賀公が
今に残せし盆踊り
　アーエラヤッチャ　エラヤッチャ
　ヨイ　ヨイ　ヨイ　ヨイ

囃子〽笹山通れば笹ばかり
　猪豆喰うてホーイホイ　ホイ

〽ままになるとのよい辻占よ
今朝は燕も夫婦づれ
ヨイ　ヨイ　ヨイ　ヨイ
（以下囃子略）
〽踊り踊らばしなよく踊れ
しなのよいのを妻にもつ
〽こうも鳴門へ未練の深み
それで渦程気にかかる

以上、これらの民謡は、ひとり郷土芸能として地域住民の心に根づいているだけでなく、広く全国版の歌や踊りとして人びとを楽しませています。例えば、阿波踊りのどこに全国区で喜ばれるだけのパワーというか、要素が潜んでいるのでしょうか。単なる観光という面だけではなさそうです。私は徳島の人びとのふるさととの芸能に対する熱い思いと愛郷心が他とは違うのだと思います。外部から阿呆だ、気狂いだと思われようが、とにかくおらが町の民謡をとことん大事にする、この精神（心根）が立派なのです。

さらに、阿波踊りはどうせ阿呆なら踊るのだということで、一般の踊り手を増やしたことが強みなのですが、その踊り風景をショーとして外に見せていることも、大きく観光価値を高めています。つまり、地元の人が長年踊り続けて歴史と伝統をつくり、これを外の人たちが見て楽しむ舞踊ショーとしての人気が全国一で、他地域の民謡と比べ大きな強みとなっています。

そこで、わが江州音頭の現状についてですが、盆踊りとしての興行も、以前に比べてまとまりがなくバラつきが目立ち、わが八日市では消滅に近い状態になっています。何とかこの劣勢を返上し、江州音頭の生き残りを図るには、幸い音頭師さんは健在ですので、ただ単に盆踊りの復活で大衆の踊り手を増やそうとするよりも、この際、踊り手の専門家を増やし、踊り好きのノンプロによる華やかな「江州音頭ショー」として人気を集める工夫が大切と考えます。

そのための例示的な具体策として、琵琶湖ホールをはじめとする、県下各所の芸能（術）会館で何かの行事がある毎に、江州音頭ショーを余興に加えることが大切で、その準備工作として踊り手養成教室を常設しておく必要があります。そして、その養成施設には出演要請に対応できるプロダクションとしての機能を持たせることです。最適な場所として、八日市では本町商店街の空店舗や金屋の「太子堂ホール」の利活用が考えられます。

終章　通説と異説、どちらが本当か

前章までは、江州音頭の歴史・沿革の物語を筆者の思いも込めていろいろと書いてきましたが、私は学者でも芸能専門家でもなく、滋賀県八日市という江州音頭発祥の地に生まれた一人の音頭愛好者なのですから、読者の中には内容に奇異を感じる人があるかもしれません。もしも、この冊子を「江州音頭」という芸能の学術書として読まれるのなら、いろいろとご意見が出てくるかもしれません。なぜなら学問の世界には、どの分野においても通説と異説というものが存在するからです。

もちろん、この冊子においても通説と思われる内容は大方記述したつもりですが、筆者の力量が及ばず書き漏らした事柄があるかも知れません、そこで、いま現在分かっている限りの異説について書き添えておきます。

1　祭文はどこで、誰から伝えられたのか

　これまで見てきたとおり、江州音頭が古来から地元（近江湖東地区）にあった盆踊り歌謡に祭文調が加味されて出来上がったことは誰もが認めるところです。しかし、その創始者である西澤寅吉が「祭文」を誰にどこで習ったのかについては異説があります。

　通説では、祭文語りの櫻川雛山は武蔵国からきた山伏で、わが近江国八日市に逗留した際、宿（旅籠）の板前で歌の名手であった西澤寅吉に歌祭文を伝授したということです。しかし、草川一枝氏の研究論文によると、櫻川雛山は播州（兵庫県）の修験者（山伏）で錫杖と法螺貝を用いて「祭文経」を高唱する櫻川という一派の始祖であり、この流れが武蔵国岡部村万宝院の僧侶鳴海尚善に伝わり流布されたが、この尚善が諸国行脚の道すがら近江国八日市に立ち

寄った時、寅吉が尚善の祭文経を聞いて深く心酔し門下となって修業し、ついに櫻川大龍と称するようになった、というのです。

さらに別の説として、日本放送協会編の『日本民謡大観』によると、歌のうまい寅吉は若い頃江戸に出て「蔵人」という酒造り職人となり、その後に板前・料理人となって、その時に江戸で櫻川雛山に会い歌祭文を習ったとか、あるいは寅吉の生家は西澤五郎兵衛という名家の一統で、その先祖が蒲生郡に領地を持つ西大寺藩、市橋家の家臣で、その縁で若い頃の寅吉は大名家（市橋下総守か）の料理番をし、寅吉の歌声が藩主に気に入られ「歌寅」の名が与えられたとも云われるのです。

いずれにしても西澤寅吉は習得した祭文をもとに江州八日市祭文音頭を作り、やがて江州音頭に仕立て上げ、旅に出て興行しながら広めますが、明治期に入って更に近畿一円にまで普及させたのが、通説では奥村久左衛門（初代真鍮家好文）です。

しかし、先の草川氏の論文（研究紀要）には、この奥村久左衛門の名前が明確に「又左衛門」となっており、また別の文献には「文左衛門」とか「九左衛門」と記されています。もしかすると、真鍮家好文の名は文左衛門の「文」からきているのでは、と筆者は推測するのですが如何なものでしょうか。

2　江州音頭と河内音頭の関係

これまでの通説では、江州音頭がベースとなって河内音頭が完成し発展・普及したということですが、民謡・民俗研究家の右田伊佐雄氏の考えは少し異なるようです。明治の初年に近江の西澤寅吉によって江州音頭が大成し、徐々に県内外ならびに大阪を中心とする近畿一円に普及拡大していくのですが、通説では明治三十年代に大阪の寄席一座で江州音頭の一大ブームが起きて大阪全域に浸透していった、といわれています。それは明治二十三年に亡くなった西澤寅吉の後、家元として活躍した真鍮家好文（奥村久左衛門）のもとには明治三十年代から大正にかけて大勢の弟子が集まり、大阪の河内からも来ていたということで、彼らが習得した江州音頭が河内音頭に大きな影響を及ぼしたと思われているからです。ですから、当時の大阪には江州音頭と河内音頭の両方をこなす人が、地元にも寄席一座にもザラにいたのです。

ただし、大阪で演じられた江州音頭は「大阪風」とか「大阪調」といわれ、法螺貝や金杖を用いず太鼓や三味線を使い、しかも音頭歌には祭文の部分がない平節のもので、江州音頭よりも軽快でダイナミックなものであったようです。因みに、昭和三十二年に八日市の江州音頭振興会が「新江州音頭」を始めた時、太鼓や三味線を解禁したのですが、これは「大阪調（風）江州音頭」の影響であろうといわれています。

話は戻りますが、明治二十六年に大阪富田林生まれの岩井梅吉が、江州音頭をベースにした「江州改良河内音頭」を発表していますが、これを作り上げるには数年はかかっており、そう考えると梅吉がベースとした江州音頭は、遅くとも明治二十年頃には南河内に及んでいたと思われます。なお、昭和四十六年に亡くなった漫才師の砂川捨丸の手記『しゃべくり一代記』によると、明治二十三年生まれの捨丸の生地、大阪府三島郡味生村（現摂津市別府、一津屋）付近では「江州音頭という民謡歌舞が大流行していたらしい……。私の家でも十四歳違いの兄が砂川千丸の名で江州音頭取りをやっており、弟子たちとのけいこを、私は寝間で聞き覚えて遊びのときに口ずさんでいた……」とあり、これを見ても明治二十年代初めには大阪の農村まで江州音頭が伝わっていたと考えられ、通常考えられているよりも早い時期に大阪入りしていた模様なのです。

次に囃子詞からみた両音頭の関係を見ておきます。音頭には掛け声といって、音頭の調子付け、勢い付けのために途中に囃子詞（歌囃子）が入ります。これについては右田氏の研究が参考になりますので一部を掲げますが、まず注意し

「ヨイトヨイヤマカ」系の囃子詞をもつ盆踊り音頭の例

伝承地	曲名・踊り名	囃子詞	囃子の旋律（「八日市祭文音頭」と比べて）
京都府綾部市高津	豆拾い	ハ　ヨイトヨイヤマカ　ドッコイショ	似ている
京都府天田郡三和町	十六踊	ヨイヤヨイヤマカ　ドッコイショ	ほとんど同じ
兵庫県氷上郡春日町稲塚	祭文踊	ソラー　ヨイトヨイヤマカ　ドッコイショ	ほとんど同じ
兵庫県多紀郡篠山町	篠山音頭	サノー　ヨイトヨイヤマカ　ドッコイショ	ほとんど同じ
大阪府吹田市山田	権六踊	ソリャー　ヨイトヨイヤマカ　ドッコイサーノセ（古くは「ヨイヨイサッサ　ヨイヤサッサ　ドッコイサーノセ」	同じ
大阪府河内各地	ヤンレ節（大阪風）	ソリャー　ヨイトヨイヤマカ　ドッコイサーノセ	同じ
奈良県吉野郡大塔村坂本	坂本踊「祭文」	サー　ヨイサヨイヤマカ　ドッコイショ	全く異なる（陰音階）
三重県南牟婁郡御浜町	二つ拍子	ササー　ヤトヤーヨーイヨイ	ほとんど同じ

出典：『湖国と文化』第40号　右田伊佐雄氏記事より転載

たいのは踊り子の掛け声の回数です。江州音頭では音頭の一フシにつく囃子詞は終始「ヨイトヨイヤマカ　ドッコイサーノセ」一点ばりですが、河内音頭の場合は、中間に「イヤコラセー　ドッコイセ」が入り、末尾に「ヨイトコサッサノ　ヨイヤサッサー」が入り、このセットを繰り返します。

この点だけを見ると江州音頭と河内音頭は別系統の口説音頭のように思えます。そして、江州音頭で最も象徴的なのが、これ一つを繰り返す囃子詞「ソリャー　ヨイトヨイマカ　ドッコイサーノセ」の部分です。この掛け声は前の章でも書きましたが、近江商人の心意気を表す文言であり、近畿圏の盆踊り音頭の中には、江州音頭以外にもこれと同じ、またはよく似た掛け声を入れるものがいくつかあり、吹田市の「権六踊」と河内各地で歌い踊られていた「ヤンレ節」の二つは江州音頭と全く同じ掛け声が用いられています。そこで、別の章で書いた「千日前総まくり」の記事ですが、大阪近郊の農村から寄席の舞台へかき集めて躍らせた娘たちのことを思い起こすと、彼女たちは日頃から地元で踊り慣れている「ヤンレ節」の振りを使い、「ヤンレ節」で口にしていた「ヨイトヨイヤマカ……」を用いたのかもしれない、と右田氏は述べています。

このように江州音頭と河内音頭をあれこれ比べると、どちらが兄で弟なのか判定しかねるのです。いずれにしても、江州音頭が古くから大阪と関わりを持ってきたことは確かであり、八日市と河内の両地方で形成され流行した諸要素が双方に移入・流入しあっているようです。今後もしかして、両地方の旧家から江州音頭や河内音頭に関する古文書などが発見されれば、もっと確実なことが実証されることでしょう。

3　江州音頭の流派・系統の真実

もう一つ通説と異説で意見がもつれる事項があります。いわゆる本家と分家、あるいは本流と支流の問題です。江州音頭に関する家元とその分派については、これまでのところ、過去に草川氏や深尾氏が顕彰し発表された系統図が一般に知られています。つまり櫻川大龍と真鍮家好文の二大流派が通説といえるのです。そこで、これを基に現在、筆者が把握できる範囲の系統図を前の第三章で掲げましたが、これとても疑えばきりがありません。こうした系図の類は古い文書記録を信じて納得するより仕方がないわけで、仮に系図の一部に伝説や推論などが入り込んでいたとしても、それを確実に否定できる証拠でもない限り、一応妥当としなければならないのです。

例えば、筆者の身近にも祭文家「櫻美家天勝」とか二代目玉家「櫻川好玉」を名乗る音頭師さんがおられますが、それならこの方たちを系統図のどこへ入れるのが妥当なのか、筆者はもちろん誰にもわからないと思うのです。

昔、剣道（武芸ともいう）が盛んな時代、全国に様々な流派がありました。柳生新陰流とか北辰一刀流というのがそれで、その名が世間に知られて権威があればあるほど、その流派を名乗りたがる者が多かったそうです。しかし、肝心なことはその人の実力であって流派が強いわけではありません。いくら将軍家の柳生流を名乗っても実力がなければ負けて死んでしまうのです。このことは他のあらゆる芸事の流派にも当てはまることではないでしょうか。確かに伝統の力とか、権威の力といったものがモノをいう場合もありますが、やはり誰もが認める実力を伴うことが第一です。そして、江州音頭の場合も実力主義で聴衆の誰もが惚れ惚れと聞き入る音頭が歌えること、これが最も大切なことだと思います。ただし、それだけの実力を身に付けるには、流派を名乗る立派な師匠に出会うことも忘れてはなりません。

以上、その他にも細かく調べればいろいろと異なる意見、考え方が出てくるかもしれませんが、筆者のこの小冊子を書いた意図・目的は、できるだけ多くの人に八日市や豊郷における江州音頭の歴史的・文化的意義を再確認してもらおうとするところにありますので、読者にこの点を強調して終わりとします。

講評

■滋賀県人会と江州音頭

全国滋賀県人会連合会副代表　蔭山　孝夫

このたび丁野氏が発刊された江州音頭の著書について、滋賀県人会としても誠に喜ばしく、先ずは著者に対し、お祝いと感謝を申し上げます。

私と著者は高校の先輩・後輩の関係であり、この度ふるさと近江・滋賀の伝統芸能である「江州音頭」について纏め上げられたことは、滋賀県に縁のある多くの人びとが喜んだと考えます。私ども県人会は、県外の主要都市で毎年夏のイベントとして「江州音頭夏まつり」を実施したり、年に一度、ふるさとの発展を考える会議（総会）を開いていますが、今年の定例総会で、全国から出席した役員の皆さんへ事務局から「おみやげ」として『八日市民謡　江州音頭』が配られましたが、皆さん共々改めて江州音頭の歴史と伝統を思い直している次第です。

私は現在、江州音頭の元祖・初代櫻川大龍氏が若い頃居住していた八日市東本町に住んでおり、自宅の東には大龍氏の先祖を供養する「椿寺」が、西には大龍氏本人が眠る「金念寺」があります。こうした因縁があってのことかどうかは分かりませんが、私個人としては七十六歳になる今も、夏になると県人会が主催する江州音頭の踊りの場に参加し、楽しんでおります。また、個人的にも郷土まちづくりの一環として「ジャズフェスティバル」に参画し、江州音頭への良い刺激を模索しているところです。

著者も本書で述べているように、現在では江州音頭発祥地の八日市よりも市外・県外において江州音頭が盛んであり、本拠地としては少し元気が足りないように感じます。滋賀県人会に携わる私としては、こうした状況を改善するためには地元の自治体の努力は当然として、県知事にも江州音頭を滋賀の伝統芸能として発展させるため、支援や尽力をお願いすることが必要と考えます。ふるさと滋賀の郷土芸能がもっと盛んになれば、県外におられる皆さんも大いに喜び、さらに元気も増すと思うからです。もちろん県人会においても今後とも夏の行事として江州音頭を続けますが、より多くの県人会会員にふるさとの伝統芸能を広め継承していくために、地元八日市や豊郷への応援と協力を惜しまないつもりです。

とにかく、伝統芸能を末永く守り、発展させるには、先進地の成功例をしっかり学び、参考にしつつ、県内外の江州音頭愛好者が心を一つにし、時代に即応した郷土芸能を育て創造していく工夫が重要と考えます。

■郷土芸能の認識と展開

八日市郷土文化研究会々長　藤本　長蔵

巻末に当たり、江州音頭発祥地である八日市の文化を考える人間として一言論述させて頂く。周知のとおり江州音頭は、旧八日市市（現東近江市）のみならず我が滋賀県が誇る郷土芸能であるが、そのことを私たち市民は正しく認識しているのであろうか。江州音頭の今後における展開と発展を模索する上で、これは大変重要な視点であると考える。

文化研究の立場から過去の文献を振り返っても、昭和六十一年三月発刊の『八日市市史』第三巻近世編第九章「近世八日市の学芸と文化」の項には、江州音頭の起源から全県下の盆踊りに発展する経緯が数頁を割いて論述されており、続いて、第四巻近現代編第九章「八日市の民俗と文化」にも、江州音頭と盆踊りのことが述べられている。さらには、平成二十年三月発刊の『まるごと東近江百科』にも「江州音頭と盆踊り」に関する歴史と現況のことが簡潔に書かれているし、わが研究会誌『蒲生野』第三号においても、江州音頭のことを会員投稿で詳しく取り上げたことがある。そして、こうした歴史考証を背景に、地元八日市や滋賀県ではいろいろな団体（滋賀県江州音頭普及会や八日市江州音頭保存会など）が郷土の伝統芸能を発展・継承させていこうと懸命に取り組んできたことも事実である。ちなみに、昭和四十五年から現在まで、八日市商工会議所や観光協会により続けられている夏の最大イベント「聖徳まつり」には、私個人としても会社勤務の頃の懐かしい記憶があり、参加企業の各々が揃いの浴衣を作って金屋大通りを踊り回ったものである。また、当時は学校の体育大会や市民運動会にも盛んに江州音頭が行われていたことを思い出す。

あれから今日まで三十有余年が経過したが、江州音頭のその後の発展は期待通りにはなっていないようである。その理由はいろいろ検証してみる必要があると思うが、いずれにしても、先人が今日まで守り育ててくれた郷土芸能を次世代に継承していくのが、今を生きる我々の役目であると考える。

私はこの本の著者・丁野永正氏を始め江州音頭の関係者における郷土芸能を発展させるための熱意とご尽力に対し、熱く敬意を表するとともに、わが八日市郷土文化研究会としても、会の活動方針である新三K（研修・交流・貢献）の理念に基き、より一層の支援を惜しまない所存である。

おわりに

これまで、ふるさと湖国滋賀の芸能「江州音頭」について、いろいろと私の思いや願いを綴ってきました。終わりに当たり、江州音頭の定義を一言で申しますと、豊郷の「下枝音頭」という盆踊りに「八日市祭文」が加わり江州音頭が出来上がった訳ですが、その盆踊りの母体・基礎になったのが風流踊りの仲間である「念仏踊り」であったということです。

そして、これが明治・大正・昭和期にかけて、一旦は滋賀の芸能として県内外に広まりました。衆知のとおり私たちの現代社会には、非常に多くの芸能文化が花開いており、なかでも歌と踊りの芸能は多くの人びとを楽しませています。

私流に芸能を大別すると、歌と踊りと演劇（芝居）ということになりますが、芝居となると専門性が強くなりますので、今回は別にしておきます。そうすると庶民が誰でも馴染めるのは、やはり歌と踊りであり、私が生きた昭和・平成期には演歌（歌謡曲）が全盛となり、単独歌手では美空ひばり、五木ひろしが代表のように思います。そして今や、一般人でも流行歌をカラオケで歌える時代です。そもそも日本の音楽界は仏教の声明や、神道の雅楽が原点であり、そのあと歌念仏、歌祭文、謡曲、小唄（長唄）、浄瑠璃（義太夫）、浪曲、民謡（音頭）と、名称はいろいろ変わりつつ、歌謡曲まで繋がってきました。これからも、ジャズやルンバにオペラなどの西洋歌謡と混じり合いながら、多彩な歌芸能が展開されていくことと思われます。

次に踊りですが、これも神楽、田楽、狂言、能楽、歌舞伎、音頭へと派生・発展して現代の能や日本舞踊が完成し、戦後には洋式ダンスも加わりました。しかし、能や歌舞伎、日本舞踊は流派・家元制度のある玄人芸能であり、一般人には社交ダンスやフラダンス、民謡踊り（盆踊り）が精一杯のところです。

こうした状況下で、江州音頭が新しい時代の庶民芸能として生き残るためには、どうしても一工夫が必要です。私自身の思いとしては、江州音頭は近江、滋賀でこその芸能特産品なのですから、発祥地の八日市やその周辺がもっと存続、発展への熱意を示し、振り付けを舞踊ショーとして通じるよう改良したり、音頭を歌謡ショーとして聴かせられる程の、郷土出身の人気歌手を養成することが重要と考えます。

例えば、五木ひろし級の歌手がテレビで江州音頭またはその編曲を歌えば、江州音頭はきっと全国版になるでしょう。こうした試みを実践・実現出来るのは未来の地域リーダーなのですが、いつの日か八日市にそんな大物やタレントが出ることを願っています。

平成二十九年十月

丁野　永正

江州音頭関連年表

西暦	和暦	月	出来事
1586	天正14		近江国愛知郡日枝村の千樹寺再建に際し、遷仏式の余興に住職（根誉上人）のリードで経文踊りが行われる〈枝村観音踊りの始まり〉
（江戸時代）			江戸・京都を中心に全国で「盆踊り」が広まる
1648〜1651	慶安年間		『武江年表』の慶安年間の記事によると「毎年7月になると、市中で男女が踊る催しがあり、夜まで賑わう」と記されている
1649	慶安2		三代将軍家光の事績を記録した『大猷院殿御実記』には、この年7月の町触れの項に「盆躍」として、「町々にて躍することいましむべからず」と記され、江戸で盆踊りが盛んであった様子が窺える
1661〜1672	寛文年間		この頃柳亭種彦が、各地の盆唄を集めた『諸国盆踊唱歌』をまとめる
1673	寛文4		この頃の『糸竹初心集』という文献に「あふみをどりのうた」という語句が出ており、彦根市野田山の正法寺には「江州踊りの絵馬」が奉納されている
1677	延宝5		この年の7月から、江戸では盆踊りが大流行し、毎晩宵の口から明け方まで踊り明かすので、8月に禁止の触れが出されたが、それでも止めないので10月に再度禁止が出された

1784	天明4		観音盆行事としての盆踊りが続けられていた千樹寺が、日枝村に発生した火災で再び全焼してしまう
1809	文化6		八日市の御薗村神田郷に西澤寅吉（初代大龍）が生まれる
1829	文政12		この頃祭文語りの旅芸人・櫻川雛山が八日市場に逗留し、寅吉が歌祭文を習う
1839	天保10		八日市の金屋村に奥村久左衛門（初代真鍮家好文）が生まれる
1846	弘化3		火災で焼失したままの千樹寺を藤野四郎兵衛良久が再建し、その遷仏式に寅吉を招いて祭文調の音頭を唄わせ、踊りも改良されて「扇・絵日傘踊り」が始まる
1867	慶応3		大阪北河内の大和田村の住人「歌亀」が義太夫節のセリフに節付けをして唄い、これが河内音頭の始まりとなる
1869	明治2		西澤寅吉59歳の時、芸名を櫻川大龍と名乗り、当時「八日市祭文音頭」の家元として人気を博する
1890	明治23		初代櫻川大龍、旅の興行先で死去する
1891	明治24		滋賀県知事が風俗取り締まりを理由に、盆踊りを禁止する
1893	明治26		大阪富田林村の人力車夫岩井梅吉が、河内音頭に江州音頭の節回しを加味し、より一層の評判を博す

1900	明治33		千日前井筒席の石田栄助という取締役が、寄席興行に「鶴賀一座」という江州音頭の一座を仕立て、娘の手踊りを取り入れたところ、大人気を博した
1915	大正4		大正天皇の即位を祝う意味と、「農村には娯楽機会が少ない」という理由で、滋賀県で盆踊りが解禁となる
1922	大正11		江州音頭を発展させた初代真鍮家好文が没する
1929	昭和4		日枝村の千樹寺に「江州音頭発祥地」の碑が建てられる
1941	昭和9		日枝村に郷土藝術保存会が設立される
1956	昭和31	9	〈日枝村と豊郷村が合併して「豊郷村」となる〉
1957	昭和32		八日市商工会議所の支援で「江州音頭振興会」が結成され、懸賞募集で「新江州音頭」が生まれると共に、三味線・太鼓・鉦を入れた新しい囃子が取り入れられる
1960	昭和35		「日本体操祭」の滋賀県大会で大津市婦人会会員400名が江州音頭披露
1961	昭和36		滋賀県レクリエーション大会で江州音頭公演
1962	昭和37		日本民謡研究会などが江州音頭のレコード化調査のため来県
1963	昭和38		並岡龍司作詞・松岡健司編曲・歌:村田英雄（コロンビア専属）による「江州音頭」がレコード化

西暦	和暦	月	事項
1963	昭和38	6	日本体育学会京都支部大会において、滋賀大学教育学部の草川一枝氏が「郷土民謡〈江州音頭〉の歴史的考察とその改善」と題して研究発表が行われる
		7	びわ湖まつり前夜祭でNHKが江州音頭の公開録音を行う
		8	福井市で全国レクリエーション大会が開催され、民謡の部で江州音頭の教育活用が紹介、指導される
1965	昭和40	9	「豊郷村郷土芸能保存会」が設立される
1966	昭和41		八日市浜野地区の玉水稲荷神社夏祭りが、戦後初めて再開され、八日市観光協会の後援で江州音頭大踊りが行われる
1968	昭和43		びわこ大博覧会で豊郷の「扇・絵日傘踊り」を公演
1969	昭和44		八日市市・延命公園に「江州音頭発祥の地」の碑建立
1970	昭和45		八日市市が市民の憩いと市の観光振興を目指す江州音頭総踊りイベントとして「聖徳まつり」を始める
1971	昭和46	2	〈豊郷村が町制施行で豊郷町となる〉
		4	八日市市商工会議所内に、地域社会ならびに観光事業の発展を期して「江州音頭保存会」が発足する
		7	深尾寅之助氏（同上保存会初代会長）が『江州音頭』を出版
			江州音頭が八日市市指定無形民俗文化財となる
1981	昭和56		びわこ国体の開会式で豊郷の「扇・絵日傘踊り」を公演

1984	昭和59	3	滋賀県内外への江州音頭の普及と、滋賀県のイメージアップを図ることを目指し、滋賀県観光連盟（現・びわこビジターズビューロー）内に「滋賀県江州音頭普及会」が結成される（平成22年より観光交流局へ）
			「豊郷町郷土芸能振興協議会」が設立される
1987	昭和62		古城博覧会で「扇・絵日傘踊り」を公演
1989	平成元	11	「第1回とよさとまつり」が始まる
1993	平成5		豊郷町が江州音頭の「扇・絵日傘踊り」を町の「無形民俗文化財」に指定
1995	平成7	10	国策のふるさと創生事業の一環として、豊郷町では江州音頭の扇の形をモチーフにした「豊栄のさと」が完成
2000	平成12		千樹寺観音盆行事が担い手不足で中断
		8	豊郷町主催の夏のイベント「第1回とっとまつり」が始まる
2001	平成13		滋賀県江州音頭普及会が「第1回江州音頭フェスタ」を開催
2003	平成15	6	豊郷町豊栄のさとで「第3回江州音頭フェスタ」開催
2005	平成17		「豊郷町郷土芸能振興協議会」改め「豊郷町江州音頭保存会」として発足
2008	平成20	4	豊郷町では盆踊りで江州音頭を実施する字に助成金を支給
2014	平成26	8	観音盆実行委員会主催で千樹寺観音盆行事が復活する

参考文献

大橋金造編『近江神崎郡志稿 下巻』一九二八、神崎郡教育会
草川一枝「郷土民謡「江州音頭」の歴史的考察とその改善」『滋賀大学学芸学部紀要』13号、一九六三
関山和夫『仏教と民間芸能』一九八六、白水社
関山和夫「近江の仏教芸能」『湖国と文化』第37号、一九八六、滋賀県文化体育振興事業団
中川泉三編『近江愛智郡志 第五巻』(覆刻) 愛智郡教育会、一九七一、名著出版
兵藤裕己「デロレン祭文・覚書」『口承文芸研究』第13号、一九九〇
深尾寅之助『江州音頭』一九七一、白川書院
右田伊佐雄「大阪から観た『江州音頭』」『湖国と文化』第40号、一九八七、滋賀県文化体育振興事業団
八日市市市史編さん委員会編『八日市の歴史』一九八四、八日市市
八日市市市史編さん委員会編『八日市市史第三巻 近世』一九八六、八日市市
八日市市市史編さん委員会編『八日市市史第四巻 近現代』一九八七、八日市市

著者略歴

丁野　永正（ようの・ながまさ）

1943年6月14日、滋賀県の旧八日市町に生まれ、幼・小・中・高の全てを地元八日市の学園で過ごし、立命館大学を卒業後は滋賀県に勤務。県の観光と物産をPRする県物産振興会事務局長のとき、県観光連盟の江州音頭行事（琵琶湖まつり）に参画する。県退職後は旧八日市市の議員や、会社・団体の役員をへて、現在は八日市郷土文化研究会員として執筆にいそしむ。

滋賀の盆踊り　**江州音頭**

――歌は八日市・踊りは豊郷から

2017年10月10日　初版第1刷発行
2018年2月28日　2版第1刷発行

著　者　丁　野　永　正
発行者　岩　根　順　子
発行所　サンライズ出版株式会社
〒522-0004 滋賀県彦根市鳥居本町655-1
電話 0749-22-0627
印刷・製本　サンライズ出版

ISBN978-4-88325-628-0 C0039